ernst reinhardt

Anna Kampschroer

Erik schafft es!

Schluss mit sexuellem Missbrauch

Mit Zeichnungen von Cornelia Nass

Mit Online-Informationen für Fachpersonen

Ernst Reinhardt Verlag München

Anna Kampschroer, Barntrup, Dipl. Sozialpäd., ist Kinder- und Jugendlichenpsychotherapeutin in eigener Praxis mit Zusatzausbildung in Traumatherapie u. Hypnotherapie/Hypnose, Gründungsmitglied und Vorstandsvorsitzende des regionalen Präventionsvereins F.I.B. e.V.

Bibliografische Information der Deutschen Nationalbibliothek

Die Deutsche Nationalbibliothek verzeichnet diese Publikation in der Deutschen Nationalbibliografie; detaillierte bibliografische Daten sind im Internet über <http://dnb.d-nb.de> abrufbar.
ISBN 978-3-497-02986-0 (Print)
ISBN 978-3-497-61384-7 (PDF-E-Book)
ISBN 978-3-497-61385-4 (EPUB)

Printed in EU
Covermotiv: © Cornelia Nass
Satz: Sabine Ufer

Ernst Reinhardt Verlag, Kemnatenstr. 46, D-80639 München
Net: www.reinhardt-verlag.de E-Mail: info@reinhardt-verlag.de

Inhalt

Sexueller Missbrauch ist Gewalt!
Hilfetelefon für Kinder, Jugendliche und Erwachsene: Tel. 0800 22 555 30 (kostenfrei und anonym).
Fachpersonen können Sachinformationen zum Buch auf der Homepage des Ernst Reinhardt Verlags unter http://www.reinhardt-verlag.de herunterladen. Das Passwort zum Öffnen der Datei ist auf S. 97 zu finden.

Das Geheimnis

Schon wieder hat Erik in der vergangenen Nacht von seinem nächsten Geburtstag geträumt. Er freut sich so sehr darauf, möchte am liebsten die Zeit bis dahin schneller ablaufen lassen, aber das geht natürlich nicht. Jeden Morgen nach dem Aufstehen schaut er auf den Kalender, der direkt über seinem Schreibtisch hängt. Meist stöhnt Erik laut auf, wenn er die Tage abgezählt hat, die er noch bis zu seinem Geburtstag warten muss.

„Hoffentlich erfüllt Papa meinen Wunsch, er hat es mir versprochen“, denkt Erik immer wieder und kneift dabei seine Augen fest zusammen. Er meint sich zu erinnern, irgendjemand habe einmal behauptet, so würden Wünsche eher in Erfüllung gehen. Manchmal bezweifelt er, dass es stimmt, aber vorsichtshalber kneift er die Augen dann doch wieder fest zusammen.

„Schaden kann es ja nicht“, findet er. „Ich mache es nur zur Sicherheit, falls es wirklich hilft.“

Auf seinem Kalender macht Erik jeden Abend ein

kleines rotes Kreuz, als Zeichen, dass dieser Tag nun auch schon wieder geschafft ist.

Vor einiger Zeit, Erik erinnert sich nicht mehr, wann genau es war, hat sein Vater ihm versprochen, ihm genau zu diesem Geburtstag „ein richtig gutes Mountainbike“ zu kaufen, so ein ähnliches, wie er selbst hat.

Inzwischen sind seine Eltern getrennt, und Erik weiß nicht, ob der Vater das Versprechen halten wird.

„Vielleicht interessiert Papa sich jetzt nicht mehr für mich. Ich sehe ihn viel zu selten. Nie ruft er an. Immer soll ich mich bei ihm melden.“

Bei den Gedanken spürt Erik Traurigkeit und Ärger in sich aufsteigen. Oft ist es eine riesengroße Wut, die sich in ihm ausbreitet. Manchmal wächst sie zu einem hohen Berg heran, zu einem Vulkan, der auszubrechen droht. Dann gibt es die Momente, in denen Erik etwas kaputt machen, jemanden schlagen oder zumindest gemein behandeln möchte.

„Mama und Papa sind so blöd. Warum konnten sie nicht zusammenbleiben! Man kann sich auch wieder vertragen, wenn man sich gestritten hat. Das sagen sie zu mir auch immer.“

Seit etwas mehr als einem Jahr lebt Erik nun schon mit seiner Mutter in diesem kleinen Ort, der ihm noch immer ziemlich fremd erscheint. Er sehnt sich nach der Stadt, in der sie einige Zeit als Familie gewohnt haben. Dort hat er sich meistens wohlgefühlt, viel mehr als in den anderen Dörfern und Städten, in denen zuvor ihr Zuhause war. Wirklich Zeit, Freunde zu finden, hat er an keinem Ort gehabt. Mit jeder neuen Arbeitsstelle des Vaters war ein Umzug der

Familie verbunden. Meistens fand Erik das ziemlich traurig. Wütend machte es ihn auch, aber das behielt er für sich.

„Mama und Papa wollen sowieso nicht wissen, wie es mir damit geht. Es interessiert sie einfach nicht."

Alles erscheint ihm noch so fremd in dem neuen Zuhause, das Haus, in dem es so viele Wohnungen gibt, die Nachbarn, Geschäfte, Straßen, die Schule, zu der er nun geht, sein neuer Fußballverein, der Trainer, der Josef heißt, aber Jusop oder am liebsten Tiger genannt werden möchte.

„Ich will mich nicht daran gewöhnen. Hier möchte ich nicht wohnen.

Ich will weg, egal wohin.

Am besten wäre es, wieder mit Mama und Papa zusammenzuwohnen."

Besonders abends im Bett quälen Erik diese Gedanken. Gleichzeitig überfallen ihn auch die Erinnerungen an den ständigen Streit zwischen Mutter und Vater. Er weiß noch genau, wie traurig er war, wie verzweifelt, auch wütend, und wie viel Angst ihm das gemacht hat.

Trotzdem! Vielleicht wäre Jusop
nicht so ekelhaft zu mir, wenn Papa
noch bei uns wäre!

Das überlegt Erik oft. Und dann wünscht er sich ganz besonders, seine Eltern wären nicht getrennt, egal wie sehr und wie häufig sie sich streiten würden.

Es gibt Tage, an denen er davon überzeugt ist, es ginge ihm besser, wenn er einen richtig guten Freund hätte. Andererseits befürchtet er, die Freundschaft könnte sowieso wieder zerbrechen. Schon zu oft hat er erlebt, einen Jungen richtig zu mögen, gerne viel Zeit mit ihm zu verbringen und ihn dann wegen eines erneuten Umzuges zu verlieren. Erik weiß noch genau, wie weh das tut! Manchmal stellt er sich vor, einen richtig guten Freund zu haben, einen Jungen, der für ihn da ist, mit dem er Spaß haben kann, lachen, Probleme besprechen und sich gegenseitig helfen. Ganz dringend wünscht er sich einen Freund, dem er alles anvertrauen kann, auch das mit seinem Fußballtrainer Jusop. Oft stellt Erik sich vor, wie dieser Freund aussieht und wie er heißt. Dann sieht und fühlt er ihn tief in seinen Gedanken und Gefühlen, als gäbe es ihn wirklich. Sein Name ist Danny. Manchmal spricht Erik in Gedanken mit ihm, erzählt ihm von der Trennung der Eltern, von dem, was Jusop ihm aufzwingt, und wie verzweifelt, traurig, wütend er oft ist. Auch seine Angst vertraut er Danny an.

„Schade, dass es ihn nur in meinen Gedanken gibt", bedauert Erik. „Echt müsste er sein, das wäre gut."

Seine Mutter spürt, wie sehr er sich einen Freund wünscht, obwohl Erik ihr nie davon erzählt hat, und erst recht nicht von Danny.

„Du musst dir einfach mehr Mühe geben, die anderen Jungen ansprechen, sie zu uns einladen. So schwer ist es doch gar nicht, einen Freund zu finden", rät seine Mutter. Fast jeden Tag sagt sie so etwas zu ihm. Erik hasst diese Sätze, will sie nicht mehr hören.

„Mama hat gut reden“, denkt er. „Sie muss nicht zur Schule und da den Stress mit allen aushalten.“

Wütend nimmt er das Spiel, das die Mutter ihm zum Umzug geschenkt hat, und schleudert es durch sein Zimmer. Laut kracht es gegen die Fensterscheibe und fällt auf eine mit Blumen gefüllte Glasvase. Klirrend stürzt sie von der Fensterbank hinunter. Jetzt liegen die Blumen verstreut auf dem neuen Teppich zwischen all den Glasscherben, die eben noch eine Vase waren. Schnell breitet sich das Wasser aus und bildet einen hässlichen Fleck auf dem hellen Fußboden.

„Mir doch egal“, denkt Erik.

„Ich hasse dieses Zimmer, diesen Ort, die Schule, den Fußballverein, alle Leute hier, vor allen Dingen aber unseren ekligen Trainer.“

Entsetzt starrt die Mutter auf den Fleck auf dem Boden, der sich dunkel ausbreitet. Die noch frischen Blumen liegen verstreut herum, Glasscherben in großen und kleinen Stücken dazwischen.

„Was soll das denn jetzt?“, will die Mutter wissen. „Meinst du, dadurch würde etwas besser? Der schöne neue Teppich! Unbedingt wolltest du ihn haben. Und jetzt dieser hässliche Fleck darauf!“

Erik findet, dass ihre Stimme so klingt, als würde sie gleich weinen. Er hat damit gerechnet, dass sie wütend wird, ihn anschreit, bestraft, aber nicht damit, dass sie so enttäuscht ist. Diese traurige Stimme kann er nur schwer ertragen.

Am liebsten wäre ich jetzt
unsichtbar und taub, möchte gar
nichts mehr fühlen.

Erik will seine Mutter nicht so verzweifelt und traurig sehen. Es macht ihm Angst und irgendwie Schuldgefühle, genau wie früher, als sie noch mit dem Vater als Familie zusammengelebt haben. Erik will diese Gefühle nicht mehr aushalten müssen. Trotzdem überfallen sie ihn immer wieder. Es fühlt sich an, wie gequält zu werden. Richtige Bauchschmerzen machen sie ihm. Abends ist er wegen all des Schweren oft so traurig, dass er sich in den Schlaf weint.

Stumm starrt Erik auf den Fleck am Boden, auf die Blumen, die plötzlich so traurig aussehen, auf die Glasscherben, die in der Sonne glitzern.

Unter der unvermuteten Umarmung seiner Mutter zuckt er zusammen. Ganz fest hält sie ihn, gerade so, als wollte sie ihn nie mehr loslassen.

„Erik, wir schaffen das schon. Wir sind doch stark, wir beide“, versichert sie.

„Mama soll bloß nicht meinen, dass ich mich erweichen lasse und losheule. Das funktioniert bei mir nicht“, ist sich Erik sicher, auch wenn der Tränenkloß im Hals schon bedrohlich drückt.

Mit heftiger Bewegung löst er sich aus der Umarmung.

„Warum müssen wir immer wieder woanders wohnen?“, schreit er seiner Mutter entgegen. „Andere Familien bleiben in ihrem Zuhause. Da können

die Kinder leicht Freunde finden! Erst mussten wir wegen Papas blöder Arbeit so oft umziehen und jetzt, weil ihr euch getrennt habt. Warum können wir nicht einfach eine ganz normale Familie sein?"

Nun laufen ihm doch Tränen die Wangen hinunter, aber er scheint sie kaum zu bemerken. Ohne noch ein Wort zu sagen, sammelt die Mutter Glasscherben und Blumen auf und entsorgt sie im Papierkorb, der neben Eriks Schreibtisch steht.

„Die armen Blumen! Haben gar nichts falsch gemacht und werden doch weggeworfen, weil sie wegen mir jetzt nicht mehr in der Vase sein können", denkt Erik und fühlt sich entsetzlich schuldig. So gern möchte er die Blumen retten. Am liebsten würde er sie aus dem Papierkorb hervorholen, in eine andere Vase stellen und ihnen neues Wasser geben, damit sie weiterleben können. Er unterlässt es aber, weil er glaubt, dass seine Mutter ihn nicht verstehen würde.

Mit Tüchern versucht sie, das Wasser vom Teppichboden aufzusaugen. Ganz gelingt es nicht. Ein hässlicher dunkler Fleck bleibt zurück.

Erik sieht stumm zu.

„Ich hasse euch alle", stößt er heftig hervor. „Ich hasse alles und jeden. Und mich selbst hasse ich am meisten. Warum können wir nicht wieder in unser altes Zuhause? Ich will in den Fußballverein dort. Da hatte ich Freunde und einen viel besseren Trainer!"

Noch immer hockt die Mutter auf dem Boden, sieht verzweifelt zu ihrem Sohn auf. „Aber du magst doch den neuen Fußballtrainer. Er bemüht sich sehr um dich! Beschweren kannst du dich über ihn wirklich nicht. Sogar Einzelstunden gibt er dir, damit du dich schneller in die Mannschaft einfindest."

Erik starrt seine Mutter an, bleibt zunächst reglos stehen, dreht sich dann weg, erklärt mit abgewandtem Gesicht: „Er will demnächst mit mir und Felix angeln gehen, dort auch zelten, wenn du es erlaubst."

„Natürlich erlaube ich dir das", entgegnet die Mutter sofort. „Es freut mich, wenn du Schönes vorhast. Jusops Sohn Felix könnte sogar dein Freund werden."

Erik sieht, wie die Mutter vor Erleichterung und Freude strahlt.

„Das mit der zerbrochenen Vase ist nicht so schlimm. Wir können eine neue kaufen", meint sie und lächelt Erik an. Als sie das Zimmer verlässt, nimmt sie den Papierkorb gleich mit, um ihn auszuleeren.

Erik ist froh, endlich wieder allein zu sein. Laut krachend lässt er sich auf sein Bett fallen. Auf der harten Matratze wirft er seinen Körper wild hin und her, hin und her, immer wieder.

„Mama hat mich gar nicht gefragt, ob ich überhaupt mit Jusop zum Angeln und Zelten will", überlegt er.

Mama versteht nicht, was wirklich los ist.

„Warum merkt sie nicht, dass ich mit meinem Trainer nicht mehr allein sein will? So oft schon habe ich ihr gesagt, dass ich das blöde Einzeltraining nicht mehr möchte. Aber sie denkt trotzdem, dass es mir guttut.

Dass Jusop mir guttut. Dass er es sooo gut mit mir meint. Mama hat echt keine Ahnung! Beim Mannschaftstraining ist Jusop ja okay, ziemlich fair sogar. Dass er anschließend zusammen mit uns im Gemeinschaftsduschraum duscht, finde ich trotzdem doof. Vielleicht ist das aber nur so, weil er beim Einzeltraining so eklig ist. Na ja, beim Training selbst meistens nicht, aber danach beim Duschen. Ich mag es nicht, dass er mich dabei am ganzen Körper anfasst. Und ich will ihn auch nicht anfassen müssen! Nie wieder! Aber wie kann ich das verhindern? Mama hält sowieso zu ihm. Sie würde mir nie glauben, wenn ich ihr erzähle, was Jusop macht. Ich weiß doch selbst, wie ich meinen Penis, meine Hoden und meinen Po waschen muss. Jusop tut immer so, als würde ich es nicht richtig machen. Ich glaube, er behauptet das nur, damit er mich überall anfassen und einseifen kann. Das merke ich genau. Ich bin doch nicht blöd! Trotzdem, ich komme gegen ihn nicht an."

Wieder wirft Erik sich auf seiner Matratze wild hin und her, möchte gar nicht mehr aufhören damit. Das Bett macht laut krachende und quietschende Geräusche, gerade so, als wollte es zusammenbrechen.

„Mir doch egal", denkt Erik. „Vielleicht merkt Mama so endlich, dass mit mir irgendetwas los ist."

Die Mutter ist in der Küche und bereitet das Essen vor: Nudeln mit roter Soße, Eriks Lieblingsgericht. Im Radio hört sie eine Sendung über Kinder, deren Eltern getrennt leben.

„Manchmal ist das sehr schwer für die Mädchen und Jungen", erklärt der Sprecher. „Dann brauchen sie viel Verständnis von Mutter und Vater."

Eriks Mutter seufzt.

„Bestimmt geht es meinem Jungen genauso“, denkt sie. „Ich merke, dass er oft traurig ist, manchmal auch wütend. Sicher vermisst er seinen Vater, sieht ihn viel zu selten. Wie gut, dass sein neuer Trainer sich so viel Zeit für ihn nimmt. Komisch, dass Erik das nicht richtig zu schätzen weiß. Zuerst hat er sich doch so auf die Trainingsstunden gefreut, jetzt mault er herum, wenn Jusop ihn extra mit seinem Auto zu den Einzelstunden abholt. Erik könnte ruhig etwas dankbarer sein. Sonst hat sein Trainer sicher bald keine Lust mehr, sich so um ihn zu kümmern“, befürchtet die Mutter.

Gerade will sie die Teller auf den Tisch stellen, als ein heftiges Krachen sie aufschreckt. Wie ein Blitz ist es in ihre Gedanken eingeschlagen. Es kommt eindeutig aus Eriks Zimmer.

„Lass dein Bett heil!“, ruft sie erschrocken und hofft, dass Erik sie hört.

Sofort ist es still. Erleichtert wendet die Mutter sich wieder dem Kochen zu.

„Hab ich doch gleich gewusst, Mama interessiert sich mehr für mein Bett als für mich“, denkt Erik wütend. „Hauptsache, dem Bett geht’s gut, wie es mir geht, ist ihr ganz egal. Typisch Mama!“

Später beim gemeinsamen Essen stochert Erik lustlos zwischen den Nudeln herum.

„Du isst ja kaum etwas. Schmeckt es dir heute nicht?“, will seine Mutter wissen. „Ich habe mir so viel Mühe gemacht und extra dein Lieblingsgericht gekocht.“

„Doch, schon, es schmeckt wirklich gut“, beeilt Erik sich zu sagen.

Und dann stellt er sie schon wieder, diese Frage, die seine Mutter jedes Mal so ärgerlich macht.

„Können wir nicht zurückziehen in die Stadt? Oder wenigstens irgendwo anders hin? Hier ist es so blöd!“

„Aber Erik, das haben wir wirklich genug besprochen. Du weißt genau, dass ich davon nichts mehr hören will. Es ist entschieden, wir zwei bleiben hier!“

Erik sieht, wie das Gesicht seiner Mutter sich rot färbt. Er weiß, dass sie nun richtig wütend ist.

„Soll sie ruhig“, denkt er, „ich bin es ja auch.“

Beide schweigen jetzt, schauen stumm auf den Teller vor sich und essen lustlos.

Wie so oft, wenn es leise ist, wird Erik auch jetzt wieder von seinen inneren Vorstellungen überfallen. Sie laufen wie Filme ganz tief in seinen Gedanken ab. Groß, sehr groß, unerträglich groß und mächtig taucht dabei das Gesicht seines Trainers vor ihm auf. Und sofort sind auch seine schrecklichen Hände zu sehen. Wie Tigerklauen mit gefährlichen Krallen wirken sie auf Erik.

„Ist doch viel witziger, wenn wir uns gegenseitig einseifen“, hört er Jusop in seinen Gedanken sagen. „Gib’s zu, du magst es auch, ich merke das genau.“

Erik stöhnt laut auf, schaut erschrocken zu seiner Mutter hinüber, hofft, dass sie nicht bemerkt hat, wie sehr er in seiner Gedankenwelt entschwunden war. Wie in Zeitlupe wickelt er einige lange Nudeln um seine Gabel, streift sie auf seinem Löffel ab und schiebt diesen, so gut es geht, in den Mund. Warme

Soße läuft an seinem Kinn herunter. Und genau in diesem Moment muss er wieder an Jusop denken und das, was er ihm aufzwingt. Er hasst die Gedanken, aber sie drängen sich ihm ständig wieder auf, sind ganz plötzlich da, wie ein Überfall.

„Er ist so eklig und blöd, will immer, dass wir ihn Tiger oder Jusop nennen, obwohl er Josef heißt. Aber eigentlich passt Tiger gut", findet Erik.

„Seine Hände sind wie Klauen, die einem wehtun wollen."

Erik verabscheut diese Gedankenfilme, die ihn auch jetzt schon wieder überfallen, obwohl er sie mit all seiner Kraft wegzudrängen versucht. Besonders häufig überfallen sie ihn, wenn es um ihn herum ruhig ist, so wie bei den Hausaufgaben, in der Schule, wenn er eigentlich aufpassen müsste, manchmal sogar so wie jetzt beim Essen oder wenn er allein in seinem Zimmer spielt.

Am schlimmsten sind die Gedankenfilme beim Einschlafen.

„Dann sind sie meist gar nicht aufzuhalten. Obwohl ich sie immer wieder zu stoppen versuche, drängen sie sich stets sofort neu auf und quälen mich."

Um sich abzulenken, spielt Erik heimlich an seiner Playstation. Er hofft, dabei so müde zu werden, dass er einschlafen kann. Wenn ihn aber seine Mutter dabei erwischt, gibt es richtig Ärger, meistens

Playstation-Verbot. Wieder stöhnt Erik laut auf, als er daran denkt.

Seine Mutter stupst ihn an. „Na, du Träumer, bist du wieder in deiner eigenen Welt versunken? Irgendwann gehst du darin noch mal unter!"

Erik schaut auf. Das Gesicht seiner Mutter wirkt weit entfernt. Sie lächelt.

„Soll ich Mama sagen, dass ich wieder an Jusop denken muss, obwohl ich das nicht möchte?"

„Lach doch mal wieder. Dann siehst du viel hübscher aus. Du hast dabei so niedliche Lachgrübchen in deinen Wangen", hört Erik seine Mutter sagen.

Erik will nicht niedlich aussehen. Und auch nicht lustig. „Ich will endlich meine Ruhe haben, jetzt vor Mama und am meisten vor Jusop!" schreit es tief in ihm.

„Ich finde meine Lachgrübchen überhaupt nicht lustig. Ich hasse sie!" Die Sätze kommen lauter als geplant aus seinem Mund und zusammen mit ihnen die Spaghetti, auf denen er gerade wütend gekaut hat. Dicke Spritzer der roten Soße verteilen sich auf dem Tisch.

„Ordentlich essen kannst du aber wenigstens! Dafür bist du alt genug", beschwert sich seine Mutter. „Das ist ja eklig, wie du hier die Spaghetti ausspuckst. Schau dir die Schweinerei an. Die rote Soße auf der schönen blauen Tischdecke. Ich habe sie erst frisch aufgelegt, jetzt muss ich sie schon wieder waschen!"

„Eklig und eine Schweinerei ist etwas ganz anderes", möchte Erik sagen, lässt es aber lieber. „Mama würde mich ja doch nicht verstehen", denkt er.

„Du, Mama, kann ich demnächst nach dem Training zu Hause duschen statt in der Halle oder bei Jusop?“, fragt er. Seine Stimme klingt dabei etwas wackelig.

Die Mutter schmunzelt.

„Ich weiß schon“, sagt sie. „Du duschst nicht gerne, versuchst dich immer davor zu drücken. Das hat dein Trainer mir schon verraten. Aber sich direkt nach dem Sport zu duschen, ist wirklich wichtig, da hat Jusop absolut recht. Ich bin froh, dass er darauf achtet. Gute Körperpflege hat noch niemandem geschadet!“

„Mama versteht mich wirklich nicht.“ Davon ist Erik fest überzeugt. „Erwachsene halten immer zusammen, dagegen kann man nichts machen. Vielleicht wäre sie sogar sauer auf mich, wenn sie wüsste, was ich mir alles von Jusop gefallen lasse. Es ist so eklig, wenn er sich ganz dicht an mich drängt. Ich will das alles nicht, aber wer würde mir das schon glauben? Mama bestimmt nicht, dazu mag sie Jusop viel zu sehr.“

Erik seufzt verzweifelt auf. Angst, Ekel, Scham- und Schuldgefühle quälen ihn.

Was kann ich nur tun, damit es
endlich aufhört?

fragt er sich, während er nachdenklich mit Gabel und Löffel Spaghetti und Tomatensoße auf dem Teller hin und her schiebt. Und genau diese Frage quält ihn so oft morgens in der Schule, nachmittags beim Erledigen der Hausaufgaben, manchmal sogar beim Spielen, Lesen, Musikhören in seinem Zimmer und erst recht abends beim Einschlafen. Aber sosehr er auch darüber nachgrübelt, eine Lösung findet er nicht.

Der Zusammenbruch

Manchmal ist Erik davon überzeugt, weder von Mutter noch von Vater verstanden und geliebt zu werden. Noch nie hat er ihnen gesagt, wie traurig und verzweifelt es ihn macht, was Jusop ihm aufzwingt. Ganz dringend wünscht er sich Hilfe, weiß aber nicht, wie er das seinen Eltern sagen kann.

„Vielleicht dächte Mama anders über meinen Trainer, wenn sie wüsste, was er mit mir macht. Aber was ist, wenn Mama Jusop glaubt? Der behauptet, dass ich selbst diese blöden Berührungen möchte. So ein Lügner! Oft bin ich so durcheinander, dass mir ganz schwindelig davon wird. Manchmal spüre ich nicht, ob ich eine Berührung mag oder nicht. Es fühlt sich so komisch an. Ob Mama das verstehen könnte? Vielleicht sollte ich versuchen, es ihr zu erklären. Papa kann sicher nicht helfen, er ist zu weit weg. Vielleicht dächte er sowieso nur, dass ich ein Angsthase bin und übertreibe. Er sagt immer, ich soll mich wehren, wenn

mir etwas nicht passt, soll mir nicht alles gefallen lassen. Papa hat auch keine Ahnung. Manchmal kann man sich einfach nicht wehren. Da hilft alles nichts, egal was man macht. Dagegen, dass er sich von Mama getrennt hat und wir so weit weggezogen sind, konnte ich mich auch nicht wehren, obwohl es so schlimm für mich war. Und gegen meinen Trainer habe ich erst recht keine Chance. Was kann ich machen? Jusop sagt immer, dass es gefährlich für mich wäre, jemandem zu erzählen, was er mit mir macht. Er meint, mir würde sowieso niemand glauben, dafür werde er schon sorgen."

Auch heute wieder wird Erik von diesen quälenden Gedanken während des Schulunterrichts überfallen. Dabei müsste er aufpassen, das weiß er genau. Aber er kann und will sich an diese Schule, diese Klasse und alles in diesem Ort nicht gewöhnen, möchte weg hier, ganz weit weg. Vor allen Dingen fort von Jusop!

Neben ihm sitzt sein Schulkamerad Freddy. Seit Erik zu der Klasse gehört, ist das sein Platz. Er hat sich daran gewöhnt, neben Freddy zu sitzen, mag ihn sogar irgendwie, obwohl er anstrengend ist. Ständig albert er herum und kippelt mit dem Stuhl. Er ist auch im selben Fußballverein wie Erik, kommt aber häufig nicht zum Training. Das führt oft zu Ärger zwischen ihm und Jusop, aber das scheint Freddy egal zu sein. Erik bewundert ihn dafür, möchte dem Trainer auch zeigen, dass er sich nicht alles gefallen lässt.

„Ich schaffe das natürlich nicht, das kann nur Freddy. Aber manchmal wirkt er auch so durcheinander, traurig und wütend wie ich", denkt Erik. „Ob

Freddy auch etwas hat, das ihn bedrückt? Vielleicht haben wir beide ein blödes Geheimnis. Macht Jusop mit Freddy etwa auch so etwas wie mit mir? Am liebsten würde ich ihn fragen, aber ich traue mich nicht. Freddy kann sehr gemein werden, wenn er sich bedrängt oder angegriffen fühlt. Außerdem passiert so was Ekelhaftes bestimmt nur mir, weil ich mich nicht wehren kann. Ich bin so feige. Papa wäre enttäuscht von mir, wenn er wüsste, was ich mir alles von Jusop gefallen lasse. ‚Du musst dich wehren! Sonst macht jeder mit dir, was er möchte, und du bist der Dumme dabei.' So oft hat Papa das schon zu mir gesagt. Ich traue mich trotzdem nicht. Aber er weiß auch nicht, was mein Trainer mit mir macht und wie schrecklich das für mich ist.

Immer wünsche ich mir, dass alles nur ein Traum ist, aber das ist es nicht.

Wenn ich daran denke, fühlt es sich fast so an, als würde es in dem Moment passieren. Genau wie jetzt auch. Dabei sitze ich in der Schule in meiner Klasse neben Freddy und muss aufpassen, damit ich verstehe, was wir besprechen. Sonst geht die nächste Klassenarbeit wieder daneben. Mama ist so enttäuscht von mir. Ganz traurig mache ich sie damit, sagt sie.

Ich will Mama nicht traurig machen, sie hat schon so viele Sorgen. Trotzdem, ich kann in der Schule nicht besser aufpassen. Ich möchte es, aber es gelingt mir nicht. Ständig kommen die blöden Gedanken

und Gefühle dazwischen. Ich fühle mich so eklig und dreckig, wenn ich in Gedanken Jusops Hände an mir spüre. Aber das kann ich nicht sagen. Keiner soll davon etwas wissen."

„Träum nicht schon wieder herum!" Die Stimme der Lehrerin zerreißt Eriks Gedanken. Wie ein Vorhang werden sie zur Seite geschoben. Jetzt spürt er es wieder deutlich. Er sitzt im Klassenraum, ganz nah neben Freddy, der ihn verschwörerisch angrinst.

„Mach dir nichts draus, Frau Kleine hat immer etwas zu meckern", hört Erik ihn leise flüstern, aber nicht leise genug – Frau Kleine bemerkt es trotzdem.

„Halt sofort deinen Mund", herrscht sie Freddy an, dem das gar nichts auszumachen scheint.

Erik würde sich gern in Luft auflösen, weg sein.

„Vielleicht sollte ich doch zu Papa ziehen, dann wäre ich das hier alles los und vor allen Dingen Jusops blöde Berührungen", überlegt er. Aber sofort fällt ihm seine Mutter ein und wie sehr er sie vermissen würde.

Die Zahlen, die Frau Kleine an die Tafel schreibt, erscheinen Erik fremd, gerade so, als hätte er damit nichts zu tun. Er sieht, wie die Lehrerin die Lippen bewegt, aber statt ihrer Stimme hört er tief in sich Jusop sprechen: „Wenn du dir Mühe gibst, machst du das richtig gut. Gib's zu, dir gefällt das auch!"

„Nein", hört Erik seine eigene Stimme laut sagen. Viele Kinder lachen, Freddy nicht. Trotzdem schimpft Frau Kleine wieder ausgerechnet mit ihm.

Nur ganz schwach versucht Freddy, sich gegen den Vorwurf der Lehrerin zu wehren.

„Aber ich habe doch gar nichts gemacht", erklärt er leise, schaut zu Erik hinüber und schweigt.

Erik starrt vor sich hin. Sein Mund fühlt sich so verschlossen an, als stände Jusop vor ihm. Er kann nicht reden, sich nicht für Freddy einsetzen. Ganz schlecht und gemein fühlt er sich, ganz schlecht.

Plötzlich legt sich eine Hand auf seine Schulter. Erik erschrickt. Frau Kleine steht direkt neben ihm.

„Na, du Träumer, bist du mit deinen Gedanken schon wieder woanders?“, fragt sie und fordert ihn auf, nach vorn zur Tafel zu kommen. „Sicher wirst du wacher, wenn du die Rechenaufgabe dort löst.“

Erik spürt, wie sein Körper aufsteht, seine Füße ihn zur Tafel bringen. Trotzdem, irgendwie fühlt es sich so an, als wäre er es gar nicht selbst, der sich da bewegt und nun vor der Klasse steht.

„Es ist genau, wie wenn Jusop mich einseift oder ich ihn einseifen soll“, spürt Erik und starrt die Tafel mit den vielen Zahlen auf ihr an. Er möchte sich gern darauf konzentrieren, aber es gelingt ihm nicht.

„Heute ist es wieder besonders schlimm“,

denkt er und kann nicht verhindern, dass er zu weinen beginnt.

„Was ist denn jetzt los?“, will die Lehrerin wissen.

„Ich habe so starke Bauchschmerzen“, schluchzt Erik, „kann ich nach Hause gehen?“

Frau Kleine schaut ihn unschlüssig an.

„Ich werde einfach nicht schlau aus dir. Was ist denn wirklich mit dir los?“, sagt sie. Zweifelnd schaut sie ihren Schüler an. Ihre Stimme klingt sorgenvoll.

„Manchmal ist Frau Kleine richtig nett“, findet Erik. „Ob sie merkt, dass ich in Not bin? Vielleicht könnte meine Lehrerin mir helfen!

Aber ich darf nicht sagen, warum ich so komisch bin. Jusop würde mir das nie verzeihen. Außerdem wäre es zu peinlich, Frau Kleine zu sagen, was mein Trainer mit mir macht.“

Stumm starrt Erik zur Tafel. Ganz steif steht er da, wie festgefroren. Tränen tropfen auf sein Shirt.

„Ich will weg sein, verschwinden von der Erde“, wünscht er sich wieder. Er bemerkt dabei nicht, dass er vor Schreck und Angst aufhört zu atmen, spürt nur, wie sich die Tafel vor seinen Augen zu drehen scheint, zunächst langsam und dann immer schneller. Mit der Tafel dreht sich der ganze Raum, die Kinder, Frau Kleine, die Tische und Stühle, alles dreht sich immer schneller, macht wilde, bunte Kreise, bis es plötzlich ganz dunkel wird. Dunkel wie in einem Tunnel.

Nie zuvor ist Erik in Ohnmacht gefallen. Als er aus ihr hervorkommt und die Augen öffnet, sieht er das Gesicht der Lehrerin ganz nah über sich. Er selbst liegt am Boden, der sich hart und kalt anfühlt. Zunächst weiß Erik nicht, was geschehen ist und wo er sich befindet. Alles wirkt verwirrend: der Raum, die aufgeregten Stimmen der Mädchen und Jungen, das Gesicht von Frau Kleine, deren Lippen sich bewegen. Erik möchte verstehen, was sie sagt. Angestrengt ist er darum bemüht.

„Du warst ohnmächtig, aber jetzt ist alles wieder gut.“ Erik kann die Worte seiner Lehrerin zwar

hören, allerdings scheinen sie aus weiter Ferne zu kommen. Dabei steht Frau Kleine direkt neben ihm! Alles wirkt entsetzlich durcheinander und verzerrt. Plötzlich scheint sich das Gesicht von Frau Kleine in das seines Trainers zu verwandeln.

„Alles ist gut“, hört er Jusop in seinem Gedankenfilm sagen, „so ist es schön. Ich weiß, es gefällt dir.“

„Hat Jusop das jetzt gerade wirklich gesagt?“, überlegt Erik. „Wieso ist er plötzlich in unserem Klassenraum? Oder bilde ich mir das alles nur ein? Ist er gar nicht hier? Hat er gar nicht zu mir gesprochen?“

Das Denken fällt Erik schwer. Er fasst sich an seinen schmerzenden Kopf.

„Hast du Kopfschmerzen?“, will eine freundliche Stimme wissen.

Mit Mühe hebt Erik für einen kurzen Moment die Augenlider, die sich so entsetzlich schwer anfühlen. Frau Müller, die Klassenlehrerin der Parallelklasse, beugt sich zusammen mit Frau Kleine über ihn.

„Warum ist die jetzt hier?“, denkt er. „Bei ihr haben wir doch gar keinen Unterricht.“

„Versuch einmal, vorsichtig aufzustehen“, hört Erik sie sagen und merkt, dass sie es gut mit ihm meint.

In seinen Gedanken wird Jusops Stimme wieder laut. Er kann es nicht verhindern, sosehr er es auch möchte.

„Ich meine es doch nur gut mit dir“, sagt Jusop. „So viel von meiner Zeit gebe ich für dich. Da kannst du auch ein bisschen nett zu mir sein. Ich seife dich ein und du mich, das ist schön für uns beide.“

Erik stöhnt laut auf. Er will die Stimme nicht mehr in sich hören, nie mehr an diese Berührungen denken.

Jusop soll verschwinden. Ich kann ihn nicht ertragen.

Mit einer heftigen Armbewegung schlägt Erik um sich.

„Aua", ruft Frau Kleine. Erik hat sie mit der Faust mitten im Gesicht getroffen.

„Wir sollten den Notarzt anrufen. Der Junge kommt ja gar nicht richtig zu sich", schlägt Frau Müller vor. Erik versteht alles, kann aber die Augen nicht offen halten. Er möchte sowieso nichts sehen, nichts hören, nichts fühlen, am liebsten nicht da sein.

Plötzlich hört er eine Männerstimme und erschrickt.

„Seine Mutter kann ich nicht erreichen. Gleich kommt ein Krankenwagen, ich habe das in die Wege geleitet." Die Stimme spricht von Verantwortung, Untersuchung, Krankenhaus und dass sie sich kümmern müssten. Sie scheint dem Schulrektor, Herrn Krause, zu gehören, aber genau kann Erik nicht erkennen, wer redet. Für ihn schiebt sich wieder Jusops Stimme dazwischen.

„Ich kümmere mich um dich", sagt sie. „Wenn dein Vater seine Verantwortung nicht wahrnimmt, bin ich für dich da. Wir halten zusammen, verraten unser Geheimnis niemals. Ehrensache!"

„Mir ist schwindelig. Alles dreht sich.

Jusop soll aufhören, in meinen Gedanken zu reden.

Warum sprechen alle durcheinander? Sie sollen leise sein."

Erik stöhnt laut auf, wirft seinen Kopf hin und her, spürt Schmerzen in Kopf, Brust und Unterleib.

Eine Hand legt sich auf seine Stirn, will seinen Kopf festhalten, damit er zur Ruhe kommt.

„Nein!", schreit Erik laut. „Nein, nicht!"

Sofort entfernt sich die Hand. Für Erik hat sie sich angefühlt wie Jusops Hand, so groß, rau und schwer.

„Beruhige dich", sagt der Rektor. „Alles wird gut, gleich kommt Hilfe."

„Ja, Hilfe ist gut", denkt Erik. „Ich brauche Hilfe. Dringend! Hilfe, damit das mit Jusop endlich aufhört."

„Nicht anfassen", sagt Erik laut und hält seine Augen weiter geschlossen.

„Natürlich fasse ich dich nicht an, wenn du es nicht willst", sagt Herr Krause. „Ich dachte, meine Hand auf deiner Stirn könnte dich beruhigen."

„Beruhige dich doch", hört Erik Jusop in seinen Gedanken sagen. „Es ist nur ein lustiges Spiel, macht doch Spaß, dieses Einseif-Anfass-Spiel. Ich verrate auch niemandem, dass du es magst. Ehrensache!"

Erik versucht, die Augen zu öffnen, um damit die Stimme des Trainers beiseitezuschieben.

„Hilfe", schreit er in seinem Inneren, ohne dass es jemand hören kann. „Hilfe! Warum hilft mir niemand?"

> Ich kann meinen Körper und den Boden unter mir nicht mehr spüren.

Für Erik fühlt es sich so an, als würde er abtauchen, hinein in eine helle Welt, die irgendwo ganz anders ist. Dort gibt es keine Schule, keine kichernden Kinder, niemanden, der zu ihm „schwule Sau“ sagt, und erst recht keinen Jusop. Dort begegnet er seinem Gedankenfreund Danny. Er scheint schon auf ihn gewartet zu haben, lacht ihm entgegen, streckt beide Hände nach ihm aus, als wollte er ihn umarmen.

„Hier bist du sicher“, sagt Danny tief in Eriks Gedanken. „Ich beschütze dich. Ich bin dein Freund.“

Erik möchte sich in Dannys Arme schmiegen, sich anlehnen, beschützen lassen. Stattdessen fühlt er sich seiner Gedankenwelt entrissen.

„Danny, bleib bei mir. Beschütz mich“, schreit er in seinem Inneren. Aber zusammen mit der Gedankenwelt ist auch sein Freund Danny verschwunden.

Jetzt nimmt Erik wieder die aufgeregten Stimmen im Klassenraum wahr. Er sieht zwei Männer, die ihn auf eine Trage legen, diese anheben, aus dem Raum, aus der Schule, schließlich in den Krankenwagen schieben. Mit einem heftigen Ruck fährt das Auto los. Irgendwie ist Erik alles egal, er fühlt sich wie betäubt.

Im Krankenhaus

Eriks Mutter ist sehr erschrocken, als ihr vom Rektor der Schule mitgeteilt wird, ihr Sohn sei ins Krankenhaus gebracht worden. Sofort nimmt sie sich bei ihrer Arbeitsstelle frei, um zu Erik fahren zu können. Sie ist sich sicher, dass er sie gerade jetzt besonders braucht, und auch sie möchte unbedingt bei ihm sein, sich um ihn kümmern.

Schnell holt sie von zu Hause Handtücher, Zahnbürste, Zahnpasta, Waschzeug, Schlafanzug und den Kuschelbär Brummi. Sie weiß, dass Erik ohne ihn nur schwer einschlafen kann.

Bevor sie das Haus verlässt, ruft sie Eriks Vater an, um ihm zu sagen, was ihrem Kind passiert ist.

Auch er ist erschrocken.

„Ich muss noch eine Stunde arbeiten. Anschließend komme ich sofort ins Krankenhaus“, erklärt er.

Erik sehnt sich im Krankenhaus nach seiner Mutter, möchte, dass sie während der Untersuchungen bei

ihm ist. Schrecklich allein und ausgeliefert fühlt er sich in dieser fremden Umgebung ohne seine Mama. Mit einem anderen Jungen, der Lars heißt, soll er ein Zimmer teilen. Lars wurde heute operiert und ist noch ganz schläfrig.

Irgendjemand gibt Erik eine Spritze.

„Nur zur Beruhigung“, erklärt die Krankenschwester. Oder ist es eine Ärztin? Erik weiß es nicht, will es auch gar nicht wissen.

Schon bald spürt er die Wirkung der Spritze. Ganz müde macht sie ihn. Er hält seine Augen geschlossen. Im Nachbarbett schläft Lars.

Immer mehr gleitet Erik in kurze Träume. Zusammen mit seinem Gedankenfreund Danny schwebt er hoch am Himmel. Ganz fest halten sie sich an den Händen und lachen. Lachen aus vollem Hals.

Plötzlich schreckt Erik hoch. Jemand hat ihn auf die Stirn geküsst. Sofort öffnet er die Augen und sieht das Gesicht seiner Mutter dicht über seinem.

„Was machst du nur für Sachen, mein lieber Junge? Du hast mir einen großen Schreck eingejagt.“ Die Stimme der Mutter klingt liebevoll und auch voller Sorge.

Erik versucht zu lächeln. Er möchte seine Mutter beruhigen, ihr sagen, dass er nicht so viel reden kann, weil er so schrecklich müde ist. Und dass er jetzt weiß, wie es sich anfühlt ohnmächtig zu werden, möchte er ihr auch erzählen. Aber er ist sooo müde, viel zu müde, um zu reden.

„Vielleicht sollte ich Mama sagen, dass das ganze Durcheinander in mir nur wegen Jusop entstanden ist“, überlegt Erik. Aber sofort kommen ihm Zweifel.

So gern würde er mit seinem Gedankenfreund Danny darüber sprechen, aber der ist gerade nicht zu spüren. „Vielleicht weil ich so müde bin", denkt Erik und dreht sich zur Seite. „Besser ist, Mama weiß nichts von dem, was Jusop mit mir gemacht hat, ich darf ihr nicht noch mehr Sorgen machen", entscheidet er.

Wieder scheinen seine Gedanken Karussell zu fahren. Viel zu schnell. Viel zu wild. Selbst seine große Müdigkeit kann das quälende Gedankenkarussell nicht stoppen. Schwindelig wird ihm davon.

Erleichtert spürt Erik seinen Gedankenfreund Danny auftauchen. Er lächelt ihm zu.

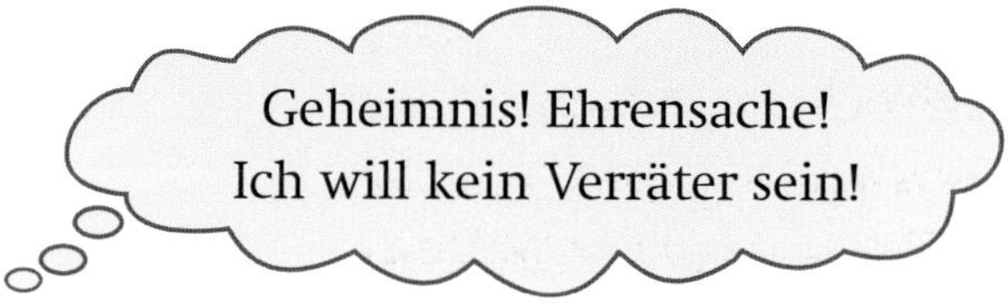

So hämmert es laut in Eriks schmerzendem Kopf.

„Was würde Mama machen, wenn sie wüsste, dass ich in der Schule nicht aufpassen konnte, weil ich immerzu an Jusop und das, was er mir so oft aufzwingt, denken musste? Könnte Mama mich verstehen?"

Vorsichtshalber schweigt Erik lieber.

Er spürt die Hand seiner Mutter zärtlich über sein Haar streicheln.

„Alles wird gut", sagt sie. „Sollst mal sehen, morgen geht es dir schon viel besser. Das meint der Arzt auch, ich habe eben mit ihm gesprochen."

„Der hat auch keine Ahnung", denkt Erik, lächelt aber seine Mutter zur Beruhigung kurz an, bevor er wieder die Augen schließt.

„So ist es richtig, mein Junge. Schlaf erst noch mal eine Weile. Ruhe ist das, was du jetzt brauchst!“ Die Stimme seiner Mutter klingt nun seltsam dumpf, als müsste sie sich durch dichten Nebel hindurchzwängen. Trotzdem! Selbst so wirkt ihre Stimme auf Erik herrlich beruhigend. Wunderbar liebevoll und sanft. Sie scheint ihn in den Schlaf hineinzutragen.

Vater kommt

Nach einer Weile dringen unterschiedlich klingende Stimmen wie aus weiter Ferne an Eriks Ohr. Noch ganz schläfrig fühlt er sich. Angestrengt versucht er, die Stimmen zu erkennen. Sie scheinen so vertraut. Schon bald weiß er, dass es seine Mutter und sein Vater sind, die sich dort neben seinem Bett unterhalten.

„Der Arzt sagt, dass Erik körperlich gesund ist, der Zusammenbruch habe bestimmt eine seelische Ursache. Von mir wollte er wissen, ob ihn etwas besonders belastet, etwas, womit er nicht allein fertig wird." Erik ist sich sicher, dass dies gerade seine Mutter gesagt hat. Dazu muss er seine Augen nicht öffnen.

„Aber was könnte ihn so bedrücken, dass er dadurch einen Zusammenbruch erleidet?", will der Vater wissen. Er scheint zu bezweifeln, dass das möglich ist.

„Papa würde mir also auch nicht glauben!" Davon ist Erik nun überzeugt.

Ganz tief presst er seinen rechten Daumennagel in den Zeigefinger. Es schmerzt sehr.

„Wir hätten uns nicht trennen dürfen“, hört Erik seine Mutter sagen.

„Unsere ständigen Streitereien vor der Trennung waren auch nicht gut für unser Kind“, entgegnet der Vater.

Erik findet, dass beide Stimmen ärgerlich klingen.

„Fast so wie früher“, denkt er. Tief in ihm streckt sein Freund Danny den Eltern die Zunge heraus.

„Nicht streiten! Bitte nicht streiten“, flüstert Erik und spürt, wie kraftlos seine Stimme noch ist. Trotzdem haben seine Eltern ihn gehört. Sofort wenden sich ihm beide zu. Ganz sanft drückt der Vater Eriks rechte Hand, die Mutter nimmt seine linke.

„Keine Sorge“, erklärt die Mutter, „wir haben dich beide lieb.“

„Ja, mein Großer, das ist wirklich so. Da hat deine Mutter recht“, bestätigt der Vater sofort. Erik lächelt erleichtert.

denkt er und spürt, wie gut sich das anfühlt. Fast so wohltuend wie eine herzliche Umarmung.

„Mamas und Papas Hände fühlen sich so gut an, ganz weich und warm“, findet Erik, „wirklich ganz anders als Jusops eklige Hände, die ich so hasse.“

Sanft streicht der Vater ihm über die Wange. Erik

möchte ihm zeigen, wie gut das tut und wie gern er ihn hat. Am liebsten würde er seinen Papa umarmen, aber dazu fühlt er sich noch zu schlapp.

„Leider kann ich heute nicht lange bleiben." Wie ein scharfer Riss zerstört dieser Satz des Vaters Eriks Gefühl von Geborgenheit und Sicherheit. Nichts mehr fühlt sich gut an. Auch die Stimme des Vaters klingt für Erik nun nicht mehr liebevoll-warm, sondern erschreckend und kalt.

Tief in ihm stöhnt sein Gedankenfreund Danny.

„Hab ich mir gleich gedacht", sagt er und zwickt Erik schmerzhaft in den Bauch.

„Morgen rufe ich Mama an und frage, wie es dir geht. Falls du länger im Krankenhaus bleiben musst, besuche ich dich natürlich. Sonst sehen wir uns übernächstes Wochenende. Dann bist du ja wieder von Freitag bis Sonntag bei mir", versichert der Vater.

„Verschwinde endlich", schreit Danny. „Du tust Erik weh! Warum machst du das? Du behauptest doch, dass du ihn lieb hast."

Ganz laut schreit Danny. Entsetzlich laut. Aber der Vater hört ihn natürlich trotzdem nicht.

Erik kann nicht mehr lächeln. Voller Enttäuschung zieht er seine Hand aus der des Vaters zurück.

„Warum kannst du nicht länger bleiben?", fragt Erik und vermag seine Tränen nur schwer zurückzuhalten.

„Ich kann wirklich nicht", antwortet der Vater. „Ich habe einen beruflichen Termin, den darf ich nicht absagen."

„Es ist genau wie früher", sagt die Mutter. „Nie hast du Zeit für deine Familie. Immer sind dir andere wichtiger. Eriks Trainer solltest du dir als Vorbild nehmen, der kümmert sich um unseren Jungen. Auf den ist Verlass!"

Der Vater wendet sich ab, verdreht stumm die Augen.

Erik hält sich beide Ohren zu, möchte jetzt von seiner Mama und seinem Papa nichts mehr hören. Er ist froh, gerade jetzt Danny ganz nah bei sich zu spüren. Das hat ihm schon früher geholfen, wenn seine Eltern gestritten haben.

Durch eine dicke Gedankenwolke hindurch hört Erik den Vater sagen, die Mutter habe unrecht. Sein Sohn sei ihm das Wichtigste auf der Welt. Der Chef habe dafür aber kein Verständnis und mache ihm sicher großen Ärger, wenn er nicht pünktlich erscheine.

„Nicht schlimm. Wirklich! Nicht so schlimm", flüstert Erik. „Ich verstehe das."

In seinem Bauch tritt Danny wild um sich. Es schmerzt sehr, aber das kann Erik natürlich niemandem sagen.

„Wusste ich doch, mein Großer. Du bist so tapfer!", lobt der Vater, dessen Stimme nun erleichtert klingt.

„Es wäre so gut, wenn ihr mich auch verstehen könntet", denkt Erik.

Einerseits wünscht Erik sich dringend, dass seine Eltern wüssten, was ihn so quält. Andererseits hat er genau davor entsetzlich große Angst.

„Was ist, wenn sie mich dann nicht mehr mögen? Was, wenn sie mich eklig finden oder mir nicht glauben, was ich über Jusop erzähle? Bestimmt können sie sich gar nicht vorstellen, dass er so etwas macht."

Ganz fest presst Erik die Lippen aufeinander, damit seine innere Not nicht nach außen dringen kann und er etwas sagt, das er doch geheim halten will. Er kann einfach nicht darüber reden, viel zu peinlich wäre ihm das. Und entsetzlich große Angst macht es ihm auch. Am liebsten würde er mit Danny davonfliegen, ganz weit fort in eine Welt, in der es keinen Jusop gibt, keine Angst, keine Traurigkeit, keine Sorgen. Aber das geht leider nicht. Winzig klein macht Danny sich in ihm, winzig klein.

Erik spürt, wie sein Vater ihn zum Abschied umarmt und küsst, aber auch das fühlt sich nicht mehr gut an. Seufzend schließt er die Augen. Er will auf keinen Fall sehen, wie sein Papa das Zimmer verlässt. Viel zu weh täte ihm das.

Mit einer heftigen Bewegung dreht er sich vom Vater weg und schließt die Augen.

„Am besten, du schläfst noch eine Runde", sagt die Mutter.

Freddys Gefühlschaos

Sorgenvoll sitzt Eriks Schuldkamerad Freddy im Klassenraum und starrt zur Tafel. Hinter sich hört er Luis und Sven miteinander flüstern. Jemand stupst ihn von der Seite an. Freddy spürt es ganz deutlich.

„Bestimmt ist das wieder Benny, der nervt immer. Wenn ich darauf einsteige, bekomme natürlich ich den Ärger. Heute wird ihm das nicht gelingen."

Wütend starrt Freddy vor sich hin. Er schafft es, sich nicht ablenken zu lassen. Seine Gedanken und Gefühle sind bei Erik und dem Streit, der zwischen ihnen war. Gern würde er die Sätze zurücknehmen, die er aus seiner Wut heraus Erik entgegengeschleudert hat.

„Bestimmt ist es meine Schuld, dass Erik in Ohnmacht gefallen ist und jetzt im Krankenhaus liegt. Wäre ich nicht so gemein zu ihm gewesen, ginge es ihm bestimmt gut, und er könnte jetzt hier neben mir sitzen." Der Gedanke quält Freddy zutiefst. Auf

den Unterricht vermag er sich so nicht zu konzentrieren. In seinem Kopf spürt er ein schmerzhaftes Summen.

„Ob ich Fieber habe? Vielleicht sollte ich nach Hause gehen. Aber Mama mag das nicht. Sie würde sofort fragen, was los sei. Und was soll ich dann sagen? Die Wahrheit? Das darf ich nicht!“

Plötzlich spürt Freddy ein vertrautes Gefühl in sich aufsteigen. Wut. Eine kraftvolle Wut. Eine Wut, die alle Schuldgefühle vertreibt.

In dieser Schulstunde haben sie Unterricht bei Herrn Krause. Freddy ist stolz darauf, gerade ihn als Lehrer zu haben. Er erinnert ihn an seinen Vater, der auch groß war, schlank und schwarze Haare hatte. Manchmal schmerzt es Freddy aber zu sehr, an seinen Vater erinnert zu werden, den er so sehr vermisst. Dann schließt er schnell die Augen und vermeidet es, Herrn Krause anzuschauen.

„Warum musste es ausgerechnet mein Papa sein, der verunglückt ist?

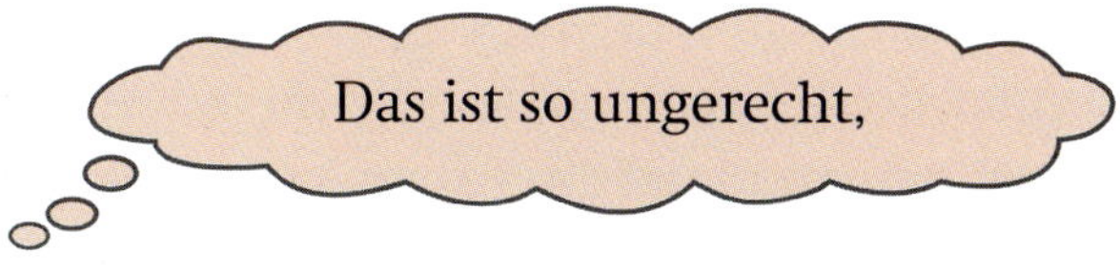

findet er. Herr Krause steht nahe beim Fenster, spricht von Herbststürmen und Bäumen, die dabei manchmal wild hin und her geschüttelt werden.

„Dann tobt der Sturm gegen alles, was sich ihm in den Weg stellt“, erklärt er.

Nun dürfen alle Mädchen und Jungen Geräusche machen, die denen von Stürmen ähnlich sind. Sie

haben viel Spaß dabei, lachen laut. Herr Krause lässt es zu. Wahrscheinlich kann man es bis in den Flur oder sogar im Nachbarraum hören.

Dann gibt Herr Krause das Zeichen, Ruhe einkehren zu lassen, und wird plötzlich sehr ernst.

„Wie in der Natur kann es auch in uns Menschen toben“, erklärt er. „Durch die Gefühle zieht manchmal ein regelrechter Wirbelsturm. Das kann sein, weil wir etwas Schlimmes erlebt haben, das uns durcheinanderbringt, traurig, wütend, hilflos, voll von Angst oder verzweifelt macht. Manchmal wissen wir nicht, was uns helfen könnte. Vielleicht fühlt es sich so an, als wären diese quälenden Gefühle nicht mehr zu ertragen. Dann sind die Menschen in schrecklich großer innerer Not. Es kann passieren, dass sie einen Zusammenbruch erleiden, so wie es bei Erik gewesen ist. Diese Menschen brauchen dringend Hilfe. Wenn jemand weiß, ob es etwas gibt, das Erik derart belastet, bitte ich euch, mir davon zu erzählen.“

Abwartend schaut der Rektor zu seinen Schülern und Schülerinnen. Ganz still ist es jetzt im Klassenraum. Die meisten Kinder schauen einfach nur vor sich hin. Der Blick des Lehrers scheint schwer auf ihnen zu lasten. Irgendjemand lässt ein Papier knistern.

Freddy kann die Ruhe kaum ertragen.

Ganz langsam hebt sich Kevins Hand. Es macht den Eindruck, als wäre er sich nicht wirklich sicher, ob er aufzeigen möchte. Herr Krause sieht es trotzdem und ermutigt ihn mitzuteilen, was er zu sagen weiß.

„In der Pause, bevor Erik in Ohnmacht gefallen ist, hatten er und Freddy Streit. Ich stand in der Nähe und habe es mitbekommen. Na ja, manches konnte ich auch nicht verstehen, weil alle auf dem Schulhof so laut geschrien haben. Aber ich glaube, dass Freddy Erik richtig gemein beleidigt hat. Sonst hätte Erik bestimmt nicht so wild um sich geschlagen. Das hat er nämlich noch nie gemacht. Dann ist er zur Toilette gerannt und hat da geweint. Ich habe das gehört, weil ich auch mal musste und hinter ihm hergegangen bin. Als ich Erik trösten wollte, hat er mich ziemlich brutal zur Seite gestoßen, so richtig gegen die harte Wand. Das fand ich total gemein von ihm. Deshalb habe ich nur ‚Du spinnst wohl' zu ihm gesagt und bin weggegangen. In der nächsten Stunde ist Erik dann in Ohnmacht gefallen. Mehr weiß ich nicht." Ganz rot im Gesicht ist Kevin beim Reden geworden.

„Vielleicht hilft uns das weiter", sagt Herr Krause.

Freddy versucht, sich hinter seinem Tisch ganz klein zu machen, will auf keinen Fall angesprochen werden. Und trotzdem geschieht genau das.

„Was war denn los zwischen euch beiden? Ich dachte, ihr versteht euch." Fragend schaut der Rektor ihn an.

„Tun wir ja meistens auch", antwortet Freddy. „Aber an dem Tag war es anders. Da hatten wir etwas Streit. Kann doch auch mal passieren!" Herausfordernd schaut er seinen Lehrer an.

„Bitte fragen Sie mich nicht, um was es bei dem Streit ging", denkt Freddy.

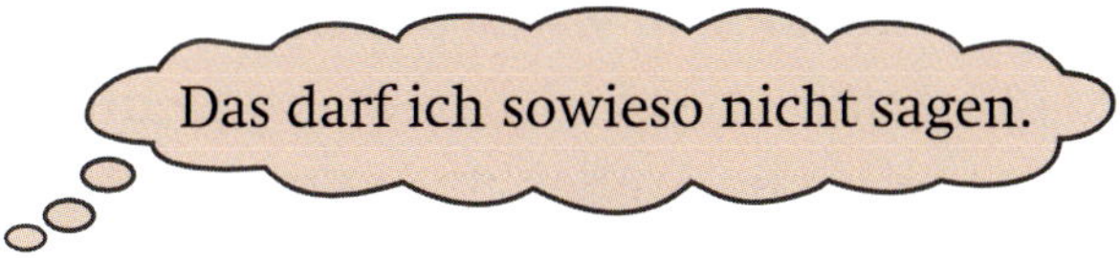

Herr Krause spürt die Angst und Verzweiflung seines Schülers. Auf keinen Fall will er ihn vor der Klasse in Schwierigkeiten bringen. Dass er aber unbedingt mit ihm sprechen muss, ist auch klar.

„Ich mag meine Schülerinnen und Schüler", denkt er. „Manchmal ist es auch schwierig zwischen uns. Aber wenn ein Kind meine Hilfe benötigt, soll es sie auf jeden Fall bekommen."

Laut sagt Herr Krause zu Freddy: „Komm bitte nach der Stunde zu mir ins Rektorenzimmer. Ich möchte in Ruhe mit dir sprechen. Vielleicht kannst du mir helfen herauszufinden, was ich Gutes für Erik tun kann."

Freddy, dem stets eine patzige oder alberne Antwort einfällt, weiß nicht, was er sagen soll. Stumm starrt er Herrn Krause an, nickt nur zustimmend.

Der Lehrer fährt nun mit dem Unterricht fort, als sei nichts Besonderes geschehen. Er erzählt von Bäumen, Blumen und anderen Pflanzen, die alle genügend Licht und Wasser benötigen, um wachsen und leben zu können.

„So ähnlich ist es mit unserem Körper. Auch er muss gut versorgt werden, braucht ausreichend Nahrung, Flüssigkeit, Wärme, Licht, damit er gesund sein kann. Aber auch unsere Seele, damit meine ich unsere Gefühle, will gut umsorgt werden. Sie braucht Liebe, Anerkennung, Verständnis, manchmal Trost oder auch, dass jemand ganz nah ist, richtig zur Seite steht und hilft, wenn es nötig ist. Oft fällt es uns Menschen schwer, jemandem zu sagen, wenn wir in Not sind und Unterstützung brauchen. Dann kann es passieren, dass wir allein bleiben mit unseren schweren Gefühlen, bis wir daran fast ganz verzweifeln. Hier

in der Schule soll für euch Kinder ein Ort sein, an dem ihr immer Hilfe bekommen könnt, wenn ihr sie braucht. Ich wünsche euch genügend Mut und Vertrauen, uns Lehrpersonen euren Kummer mitzuteilen, wenn ihr welchen habt.“ Ganz ernst wirkt Herr Krause, während er spricht.

Freddy hat den Eindruck, dass er es ehrlich meint mit dem, was er sagt. Trotzdem! Wie soll er seinem Lehrer erzählen, um was es zwischen ihm und Erik ging?

Das könnte auch Herr Krause
nicht verstehen.

Davon ist Freddy fest überzeugt und nimmt sich vor, zwar gleich zu ihm zu gehen, aber stumm zu bleiben.

Endlos lange erscheint ihm die Unterrichtsstunde nun, bevor es endlich zur Pause schellt.

Herr Krause nickt kurz zu Freddy hinüber, sagt: „Dich sehe ich gleich bei mir im Zimmer. Ich werde Frau Kleine sagen, dass du etwas später zu ihr in den Unterricht kommst.“ Mit eiligen Schritten verlässt er dann den Klassenraum. Sofort entsteht Unruhe in der Klasse. Alle sind froh, jetzt endlich wenigstens eine kleine Pause zu haben.

Vorsichtig drängelt sich Kevin nach vorn, setzt sich auf Eriks Stuhl und spricht so leise, dass Freddy ihn nur schwer verstehen kann.

„Ich musste das einfach sagen, das mit dem Streit zwischen dir und Erik. Weil es wichtig sein kann. Und weil die im Krankenhaus Erik vielleicht besser helfen können, wenn sie wissen, was los ist."

„Was weißt du schon, was los ist?", fährt Freddy ihn an. „Ständig willst du dich wichtigmachen. Hast keine Ahnung! Erik ist in Ordnung, aber du bist eine Null. Lass mich bloß in Ruhe! Sprich mich nie wieder an!"

Wütend springt Freddy auf und rennt, so schnell er kann, aus dem Klassenzimmer. Niemand soll sehen, dass ihm dabei Tränen in die Augen schießen und er deshalb eilig davonläuft.

„Ich bin so ein Idiot", denkt er. „Alles mache ich falsch. Erst habe ich Erik fertiggemacht und jetzt auch noch Kevin. Beide haben mir nichts getan. Sie können nichts dafür, dass ich keinen Vater mehr habe, weil der tot ist, und ich so neidisch auf alle Jungen bin, deren Väter noch leben. Dieses blöde Motorrad! Ich hasse Motorräder. Alle! Und Lastwagen. Eigentlich hasse ich noch mehr die Lastwagen, weil einer mitten auf der Straße, ausgerechnet genau nach einer Kurve, drehen wollte und Papa doch in dem Moment mit seinem Motorrad um die Ecke gebogen ist und nicht mehr bremsen konnte. Mama sagt, Papa hatte keine Chance und keine Schmerzen, er war sofort tot. Manchmal ärgern mich die Kinder in der Schule damit, dass ich keinen Vater mehr habe. Meistens sind es die Jungen. Die Mädchen haben oft Mitleid mit mir, aber das mag ich auch nicht so richtig. Kevin und Erik haben mich nie damit geärgert. Warum musste ich ausgerechnet zu ihnen so gemein

sein? Ich weiß nicht, ob ich mehr wegen Papas Tod so wütend bin oder wegen Jusop. Alle wissen von Papas Unfall, aber von Jusops ekelhaften Berührungen weiß niemand. Na ja, niemand stimmt nicht ganz. Erik weiß davon, aber nur, weil Jusop das mit ihm auch macht.

Aber was er mit mir gemacht hat,
davon hat auch Erik keine Ahnung.

Freddy hat nicht darauf geachtet, wohin er läuft, wollte nur schnell weg aus dem Klassenraum. Jetzt steht er in der Pausenhalle und hört Herrn Krause seinen Namen rufen. Erschrocken zuckt er zusammen.

„Stimmt, ich muss ja zum Rektor“, durchfährt es ihn. Langsam geht er Richtung Rektorenzimmer.

Herr Krause hält ihm die Tür auf, bittet ihn herein.

„Ich dachte schon, du kämest nicht“, sagt er und zeigt auf einen Stuhl, auf dem Freddy Platz nehmen soll. Er selbst setzt sich ihm gegenüber. Nur ein kleiner Tisch ist zwischen ihnen.

„Also, was war zwischen dir und Erik los? Ich möchte verstehen, was passiert ist“, sagt der Rektor.

Unruhig rutscht Freddy auf seinem Stuhl hin und her. Ständig schiebt er die Hände unter die Oberschenkel, zieht sie gleich im nächsten Moment wieder hervor. Er bleibt stumm, genau wie er es sich vorgenommen hat.

„Es wird dir nichts passieren, keine Strafe oder so. Ich möchte es nur verstehen können. Schließlich kommt es nicht jeden Tag vor, dass einer unserer Schüler mit Nervenzusammenbruch ins Krankenhaus kommt. Wenn du weißt, was Erik belastet, sag es mir bitte."

„Wir hatten Streit, weiß auch nicht mehr so richtig warum", kommt es nun doch von Freddy. „Irgendwann habe ich zu Erik gesagt, dass sein Vater genauso gut tot sein könnte, weil er sich ja sowieso kaum um ihn kümmert. Da ist Erik total ausgeflippt, hat gesagt, dass sein Vater aber nicht tot ist, dass er ihn oft besucht und dass ich es, wenn ich so gemein bin, auch verdient habe, dass mein Vater beim Unfall gestorben ist." Freddy merkt, dass plötzlich alles aus ihm heraussprudelt, was er fest in sich verbergen wollte. Es ist nicht mehr zu stoppen!

„Irgendwann, als ich so richtig wütend war, habe ich zu Erik gesagt, dass er eine schwule Sau ist, weil er diese ekligen Sachen mit unserem Fußballtrainer Jusop macht und ich die beiden heimlich beobachtet habe. Ich wollte das nicht sagen, aber irgendwie kam das einfach aus mir heraus. Da hat Erik geschrien, dass er mich umbringt, wenn ich jemandem etwas davon erzähle. Dabei hat er wild um sich geschlagen. Zuerst konnte ich ausweichen, aber dann hat er mich mit der Faust im Gesicht getroffen. Da hatte ich Angst, dass er mich umbringt, obwohl er das sicher nicht gemacht hätte."

Herr Krause atmet so tief aus und ein, dass man es hören kann.

„Hier in der Schule sollen sich alle Mädchen und Jungen sicher und wohlfühlen. Ich hoffe, du weißt, dass mir das sehr wichtig ist", sagt er. „Schlagen und gemeine Beschimpfungen mag ich gar nicht. Der Ausdruck ‚schwule Sau' ist nicht nur gemein, sondern auch dumm. Vielleicht weißt du nicht, was schwul sein bedeutet, und sagst es einfach so dahin."

Am liebsten würde Freddy sich in Luft auflösen, um nicht mehr Herrn Krauses strengen und unangenehmen Sätzen ausgeliefert zu sein.

„Ich weiß genau, was es bedeutet, und Erik weiß es auch, weil er ja so etwas mit Jusop macht. Ich habe es selbst gesehen!", denkt Freddy.

Herr Krause soll auf keinen Fall merken, wie peinlich mir das alles ist und wie viel Angst ich habe!

„Es ist gemein, Erik zu verraten, aber gerade kann ich nicht anders. Ich weiß selbst, wie schlimm es sich anfühlt, was Jusop ihm aufzwingt, aber das darf Herr Krause nicht wissen. Ob Erik auch manchmal Bauchschmerzen davon bekommt? Ob es ihm wehtut, wenn er zur Toilette muss, weil dann alles da unten so brennt? Mama sagt immer, ich soll nicht ‚da unten' sagen, weil ich doch die richtigen Ausdrücke dafür kenne, aber manchmal schäme ich mich, sie auszusprechen. Hoffentlich merkt Herr Krause nicht, was ich gerade denke. Es ist so blöd, dass ich immer wieder so komische Gedanken und Gefühle habe. Richtig weh tun sie. Ich kann nichts dagegen machen. Wenn Papa noch leben würde und es Jusop nie in meinem Leben gegeben hätte, wäre alles anders, viel besser, dann hätte ich solche schlimmen Gedanken und Gefühle nicht.

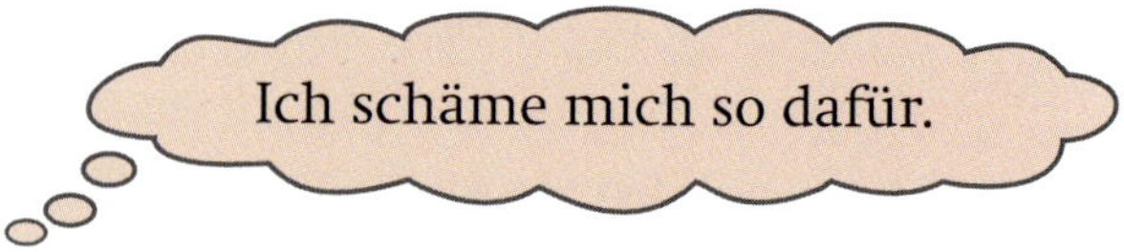

Niemand darf davon etwas wissen. Niemals!“

Freddy starrt seinen Lehrer grimmig an. Er hofft, so verbergen zu können, was in ihm vorgeht.

„Schwul zu sein heißt, dass einige Männer Männer lieben, so wie andere Männer Frauen lieben. Das ist völlig okay. Jeder Mensch spürt selbst für sich, mit wem er zusammen sein und wen er lieben möchte“, erklärt Herr Krause.

„Das weiß ich“, unterbricht Freddy ihn. „Meine Mutter hat es mir erklärt. Sie ist Ärztin im Krankenhaus, redet über alles.“ Freddy hofft, seinen Lehrer damit beeindrucken und zum Schweigen bringen zu können. Aber Herr Krause spricht weiter.

„Nicht in Ordnung ist es aber, wenn ein Erwachsener oder Jugendlicher einem Kind Berührungen aufzwingt, die ihm peinlich, unangenehm oder eklig sind. Niemand hat das Recht, ein Kind an Penis, Hoden, Po, Brust oder Scheide anzufassen. Auch sich selbst von einem Mädchen oder Jungen so am Körper berühren zu lassen, ist Erwachsenen verboten. Es ist sexueller Missbrauch und kann vom Gericht bestraft werden. Vielleicht hat deine Mutter dir das auch schon gesagt.“

„Hat sie“, erklärt Freddy und ist irgendwie stolz, das alles zu wissen. „Meine Mutter sagt, Ärzte und

Krankenschwestern dürfen solche Berührungen machen, wenn sie ein Kind untersuchen oder behandeln sollen, damit es ihm besser geht. Sie hat mir erklärt, dass ich genau merken kann, ob das Anfassen okay ist. Wenn das jemand heimlich machen will und ich niemandem etwas davon erzählen soll, dann kann ich merken, dass die etwas Verbotenes vorhaben. Meine Mutter hat auch gesagt, dass ich mit keinem Fremden mitgehen und auf keine Tricks hereinfallen soll."

Nachdenklich schaut Herr Krause ihn an. Einen Moment herrscht Schweigen zwischen den beiden, dann stellt Freddy die Frage, die ihn gerade sehr beschäftigt.

„Werden die Kinder auch bestraft, obwohl sie das mit dem blöden Anfassen gar nicht wollen?"

Herr Krause schüttelt energisch den Kopf.

„Die Kinder werden niemals dafür bestraft. Sie machen ja nichts Falsches. Die Verantwortung für Derartiges liegt allein beim Erwachsenen. Sie wissen alle, dass sie solche Berührungen niemals einem Kind zumuten dürfen. Alle Erwachsenen kennen dieses Gesetz und wissen, dass sie vom Gericht bestraft werden können, wenn sie es nicht befolgen. Deshalb wollen sie, dass Mädchen und Jungen nicht darüber sprechen, wenn sie so etwas erleiden mussten. Oft sind es ganz gemeine Tricks, mit denen Erwachsene versuchen, Kinder zum Schweigen zu bringen. Wie gut, dass deine Mutter dir das alles schon erzählt hat. Anscheinend hat sie aber vergessen, dir zu sagen, dass es nicht immer Fremde sind, die so etwas machen. Es gibt Bekannte und Verwandte, denen die Kinder vertrauen und die dieses Vertrauen dann ausnutzen."

Die Gefühle in Freddy toben wild durcheinander. Es rauscht in seinen Ohren, sein Herz klopft so laut, dass er meint, der Lehrer müsse es hören können. Sein Unterleib zieht sich schmerzhaft zusammen.

Herr Krause scheint wirklich Ahnung zu haben.

Aber was würde er über mich denken, wenn er wüsste, dass ich auch so ein Junge bin, dem das aufgezwungen wurde?

„Vielleicht würde er es sofort meiner Mutter erzählen und der Polizei. Alle würden mir dann Fragen stellen. Sicher wollen sie sofort wissen, was Jusop mit mir gemacht hat und warum ich nie etwas davon erzählt habe. Nein, ich darf es meinem Lehrer nicht sagen, sonst wird alles richtig schlimm. Vielleicht verliere ich dann auch noch Mama, genau wie Jusop es gesagt hat. Kann sein, dass es nur ein gemeiner Trick von ihm war, um mich zum Schweigen zu bringen. Aber was, wenn es doch so passiert, wie Jusop es angedroht hat? Dann habe ich weder Vater noch Mutter. Das überlebe ich nicht. Niemals!"

Während Freddy von diesen Gedanken gequält wird, will er nach außen möglichst gleichgültig erscheinen. Anschauen kann er seinen Lehrer im Moment nicht. Stumm starrt er vor sich hin, spürt aber Herrn Krauses Blicke, die ihn wie kleine Nadelstiche zu durchbohren scheinen.

„Hast du wirklich gesehen, dass der Fußballtrainer Erik solche Berührungen aufgezwungen hat? Wenn

es so war, ist es mutig und wichtig, dass du es erzählst. Nur dann kann Erik geholfen werden." Jedes einzelne Wort trifft Freddy. Es fühlt sich so an, als wollte ihn jedes einschüchtern, warnen, ihm drohen.

Fest reibt er seine Hände gegeneinander, bis sie schmerzen. Ganz heiß ist ihm vor Angst und Aufregung.

„Vielleicht fragen Sie besser Erik selbst, wie es war." Kaum hörbar kommen die Worte aus Freddys Mund. Gern möchte er alles ungeschehen machen, den Streit mit Erik, die gemeinen Sätze, die er Kevin entgegengeschleudert hat, die Situation jetzt bei Herrn Krause und ganz besonders das, was Jusop ihm, Erik und vielleicht noch anderen Kindern angetan hat.

„Kann es sein, dass du auch so etwas erlebt hast und deshalb jetzt nicht darüber sprechen möchtest?"

„Die Stimme des Rektors klingt ganz anders als sonst", findet Freddy, „irgendwie mitfühlend, aber ein bisschen auch, als könnte er nicht glauben, was ich sage."

„Sie spinnen wohl!", schreit Freddy, springt vom Stuhl auf, hastet aus dem Zimmer und lässt die Tür laut hinter sich zuschlagen.

„Die können mich alle mal", denkt er. „Sollen sie sich ihren Blödsinn selbst erzählen, ich höre da nicht zu."

Tief in sich weiß er, dass Herr Krause eben die Wahrheit ausgesprochen hat und es genau deshalb in ihm jetzt so schmerzhaft brennt.

Hilfe suchend schlingt Freddy die Arme um seinen Oberkörper. „Es tut so weh, so weh", schreit es in ihm.

Nachdenklich schaut Herr Krause seinem Schüler nach. Plötzlich klingelt das Telefon. Eriks Mutter ruft an, fragt nach, was in der Schule zum Zusammenbruch ihres Sohnes geführt haben könnte.

„Da kann ich Ihnen jetzt leider nicht weiterhelfen“, bedauert der Rektor. Ganz wohl fühlt er sich nicht dabei, der Mutter zu verschweigen, was er soeben von Freddy gehört hat. Andererseits spürt er, dass es ein Vertrauensmissbrauch gegenüber Freddy wäre, ihr das zu erzählen. Ganz plötzlich kommt ihm eine Idee.

„Darf ich Erik besuchen? Ich möchte mit ihm sprechen und ihm alles Gute wünschen“, sagt er.

„Jederzeit!“, antwortet die Mutter sofort. „Erik wird sich sicher freuen. Sein Fußballtrainer war auch schon bei ihm.“ Richtig erleichtert klingt sie, auch etwas stolz, dass sogar der Schulleiter sich Zeit für ihren Sohn nehmen will.

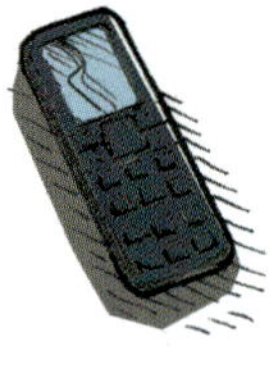

Schrecklich einsam

Täglich bemühen sich alle im Krankenhaus um Erik. Trotzdem möchte er schnell nach Hause zu seiner Mama.

„Mist, dass ich dann auch wieder zum Training muss. Echt blöd, dass ich vor Jusop nur sicher bin, solange ich im Krankenhaus bleibe."

Besonders abends vor dem Einschlafen wird Erik von diesen Gedanken gequält. Entsetzlich einsam und allein mit seiner inneren Not fühlt er sich dann. Krampfhaft hält er die Tränen zurück, die immer wieder nach außen dringen möchten.

Erik weiß nicht, dass der Stationsarzt und die Oberärztin erst heute wieder miteinander über ihn gesprochen haben. Große Sorgen machen sie sich um ihren Patienten.

Die Untersuchungen haben ergeben, dass er körperlich gesund ist. Der Stationsarzt, die Oberärztin und die Krankenschwestern spüren aber sehr deutlich, dass Erik von schweren, ihn stark belastenden Gefühlen gequält wird. So gern würden sie ihm helfen, wissen aber nicht wie.

Mit großer Mühe hält Erik seine Gefühle und Gedanken an seinen Trainer und das, was dieser ihm angetan hat, geheim. Scheinbar teilnahmslos liegt er im Bett. Zu viel Angst hat er, durch eine unbedachte Äußerung seine innere Not nach außen kundzutun. Deshalb redet er vorsichtshalber auch mit seinem Bettnachbarn Lars kaum. Dieser hat meistens Besuch und verschwindet damit im Krankenhauscafé. Manchmal beneidet Erik ihn darum, hätte Mama und Papa gern auch oft bei sich. In anderen Momenten empfindet er gerade Besuch als sehr anstrengend, weil er dann immer genau aufpassen muss, was er redet. Und weil die doch alle so viele Fragen stellen, die er alle gar nicht beantworten möchte.

„Manchmal ist Erik wirklich sonderbar“, überlegt der Stationsarzt Doktor Freitag gerade, während er am Bett seines jungen Patienten steht. „Mutter und Vater hat er gern bei sich. Aber über den Besuch seines Trainers hat er sich nicht gefreut.“

„Sag uns, wenn du Kummer hast“, versucht ihn der Arzt zu ermutigen. „Wir merken, dass dich etwas bedrückt, würden dir so gern helfen. Das können wir aber nur, wenn wir wissen, was dich so quält.“

„Mir kann sowieso keiner helfen“, stößt Erik hervor.

„Wie kommst du denn darauf?“, fragt der Arzt.

„Ich weiß es eben! Wenn ich rede, wird alles noch schlimmer“, erklärt Erik und klingt dabei sehr ärgerlich, fast wütend. In ihm schreien die inneren Warner, dass er nichts verraten darf.

„Ich sage nur ein bisschen“, denkt Erik, „sonst platze ich bald an dem, was alles in mir los ist.“

„Es gibt Erwachsene und Jugendliche, die Kindern Leid zufügen und sie mit Drohungen einschüchtern wollen, damit sie niemandem davon erzählen“, weiß der Arzt.

„Ernst, aber trotzdem freundlich sieht er aus“, findet Erik.

„Würden Sie ein Geheimnis verraten, auch wenn dadurch jemandem aus Ihrer Familie etwas Schlimmes passiert?“ Erik spürt, wie die Frage aus ihm herausplatzt. Er kann sie nicht zurückhalten.

Doktor Freitag schaut ihn durchdringend an.

„Glaubst du, dass jemandem aus deiner Familie Leid zugefügt wird, wenn du erzählst, was dich so quält?“, will er wissen.

„Ich weiß es. Ich weiß es genau!“, stößt Erik hervor.

„Mir scheint, da wollte dich jemand einschüchtern, damit du nichts sagst, was zu Ärger für ihn führen könnte“, äußert der Arzt. „Geheimnisse, die derart bedrückend sind, dürfen Kinder immer weitererzählen. Niemand hat das Recht, ihnen das zu verbieten, selbst Eltern, Großeltern, Tanten, Onkel, Lehrer, Trainer, Ärzte, Pastoren nicht. Weißt du das?“

Es hört sich so gut an, was Doktor Freitag sagt, aber kann ich ihm vertrauen?

„Vielleicht will er mich nur aushorchen. Jusop meint, es sei EHRENSACHE, niemandem von dem zu erzählen, was er mit mir macht. Immer sagt er: ‚Wir mögen es beide, kannst es ruhig zugeben.' Aber ich mag das nicht, habe es nie gemocht, finde es eklig und peinlich. Manchmal wird mein Penis dabei steif, ganz von allein. Jusop meint, daran kann man merken, dass ich es schön finde. Aber er hat unrecht! Auch dann gefällt es mir nicht. Einmal habe ich meinen ganzen Mut zusammengenommen und es ihm gesagt. Da hat er nur gelacht und behauptet, wenn ich anderen davon erzähle, passiert jemandem aus meiner Familie etwas Schlimmes. Er meinte, es sei doch schon schrecklich genug, dass meine Eltern sich getrennt hätten. Ich würde sicher nicht wollen, dass noch jemandem aus der Familie etwas zustößt. Ich weiß nicht, was genau er damit gemeint hat, aber es klang furchtbar bedrohlich.

Doktor Freitag darf das alles nicht wissen. Ich muss dieses Geheimnis für mich bewahren.

Dabei kann mir sowieso niemand helfen.

Jetzt steht Doktor Freitag immer noch neben meinem Bett und sieht mich so komisch an.

Was soll ich nur machen?“

Dicke Tränen kullern über Eriks Gesicht.

„Ich will dich nicht quälen. Ich möchte dir helfen“, versichert der Stationsarzt erneut.

Erik spürt, dass der Arzt es ehrlich meint.

„Ich weiß“, flüstert er, „aber sagen kann ich trotzdem nichts. Ich darf einfach nicht!“

„Schon gut“, beruhigt Doktor Freitag ihn. „Vielleicht wirst du später darüber reden können.“

„Mein Trainer soll mich nicht mehr besuchen kommen“, stößt Erik hervor. „Nie mehr! Ich will ihn nicht mehr sehen, aber das darf er auf keinen Fall wissen. Versprechen Sie mir, dass Sie es ihm nicht verraten?“

„Ich verspreche es. Aber ich möchte verstehen, was du gegen ihn hast. Können wir darüber irgendwann reden?“

„Später vielleicht. Wenn Sie Wort halten und meinem Trainer nichts verraten.“

Sicher ist er sich nicht, dass er dem Arzt etwas anvertrauen wird, fühlt sich aber erlöst, als Doktor Freitag das Zimmer verlässt.

In dieser Nacht träumt Erik von Schlangen, die ihn bedrohlich umschlingen. Es sind glitschige, ekelhaft schleimige Wesen mit roten Köpfen. Erik versucht, sie abzuschütteln, aber es gelingt ihm nicht. Im Schlaf schlägt er um sich und schreit laut auf. Lars, der sich von seiner Operation gut erholt hat und schon bald entlassen wird, wacht auf. Sofort drückt er auf den Klingelknopf, mit dem er die Krankenschwester rufen kann. Eriks Verhalten ist ihm unheimlich. Nicht länger möchte er mit ihm allein sein.

Erik ist inzwischen auch wach geworden, aber noch ganz benommen. An seinen Traum kann er sich kaum erinnern. Nur dass er ihm Angst gemacht hat, weiß er genau, aber das will er niemandem sagen.

Als Schwester Edith kommt, versichert Erik sofort, es sei alles wieder in Ordnung, er habe nur schlecht geträumt. Von Lars kommt ein großer Seufzer.

Die Krankenschwester sagt einige beruhigende Sätze. Dann bestimmt sie, dass jetzt beide leise sein und schnell wieder einschlafen sollen.

Ganz klein macht Erik sich in seinem Bett.

„Mama, hol mich hier raus“, fleht er innerlich. „Ich möchte nach Hause.

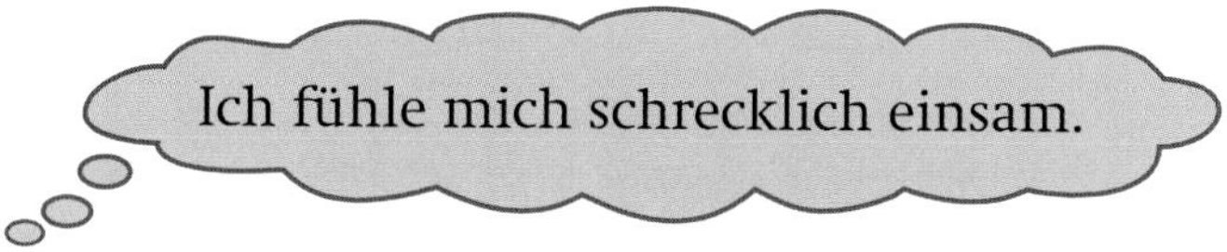

Hilf mir doch! Spür, dass ich in Not bin! Schick mich nie mehr zu Jusop! Aber leider hast du keine Ahnung, wie es mir wirklich geht. Seit das mit Jusop ist, weißt du überhaupt nicht mehr, was ich fühle.“

Ausgerechnet jetzt denkt Erik daran, wie es war, als seine Mutter ihm noch jeden Abend eine Gutenachtgeschichte erzählt hat. Nun, da er sich so allein und hilflos fühlt, hat er riesengroße Sehnsucht danach.

In Gedanken stellt er sich vor, dass seine Mutter an seinem Bett sitzt und ihm wieder die Geschichte von Peterchens Mondfahrt erzählt. Tief in sich hört er ihre Stimme. Sofort tauchen die Bilder dazu in seinem Gedankenkino auf.

Gemeinsam mit Peterchen aus der Geschichte beginnt er nach oben zu schweben, ganz langsam, höher und höher. Zusammen steuern sie den Mond an. Immer ein kleines Stückchen näher kommen sie ihm. Ganz weit weg erscheint die Erde. Alle Probleme bleiben weit zurück. Je näher sie dem Mond kommen, umso mehr schrumpft Jusop. Schon bald ist er nur noch winzig klein, fast so winzig wie ein Fliegenschiss. Sogar im Traum muss Erik darüber lächeln.

Irgendwann kommt er zusammen mit Peterchen beim Mond an. Strahlend hell ist es dort. Wunderbar glitzernd und herrlich warm.

Gemeinsam gehen sie auf dem Mond spazieren. Plötzlich taucht vor ihnen ein dichtes Gebüsch auf, in dem sie Verstecken spielen können. Es macht so viel Spaß.

Dann ändert sich plötzlich alles. Erik weiß selbst nicht, wie das passieren kann. Ganz dunkel wird es im Traum.

Es ist furchtbar unheimlich. Und peinlich, richtig ekelhaft plötzlich.

Im Traum zwingt er in dem Gebüsch Peterchen die Berührungen auf, die Jusop ihm schon so oft in der Wirklichkeit angetan hat.

Ganz plötzlich taucht ein Mann neben ihm auf. Alles an ihm erinnert Erik an seinen Vater: seine

Größe, sein Aussehen, sogar seine Stimme. Erik ist erschrocken, will nicht, dass dieser Mann ihn so sieht. Irgendwie fühlt es sich für ihn aber auch gut an, dass der Mann, der sein Papa sein könnte, gerade jetzt da ist.

„Lass den Jungen sofort in Ruhe", sagt der Traummann. „Du hast kein Recht, ihn auf so eine Art anzufassen."

„Aber Jusop macht das auch mit mir!", entgegnet Erik im Traum.

„Das ist ein Verbrechen an dir. Hol dir Hilfe. Du hast das Recht, es jemandem zu erzählen! Ich schenke dir eine große Portion Mut." Der Mann, der aussieht wie sein Vater, reicht ihm eine Schale mit der Aufschrift „MUT". Erik trinkt hastig daraus. Der kraftvolle Saft schmeckt herrlich. Beim Aufwachen spürt Erik noch den Mut in sich. Er nimmt sich vor, dem Arzt alles zu erzählen.

Herr Krause

Ungeduldig, mit großer, freudiger und ängstlicher innerer Aufregung wartet Erik auf den Arzt. Aber Doktor Freitag kommt nicht zu ihm ins Zimmer. Am Morgen nicht, am Mittag nicht. Und auch am Nachmittag nicht.

„Verlass dich lieber nicht auf ihn“, rät Danny in Eriks Gedanken.

Kurz vor dem Abendessen bekommt Erik Besuch von Herrn Krause, seinem Lehrer und gleichzeitig Schulrektor. Sofort nach der Begrüßung möchte er von Erik wissen, wie es ihm geht und wann er wieder in die Schule kommen kann.

„Weiß ich nicht“, antwortet Erik auf alle Fragen. Ziemlich unwohl fühlt er sich dabei. Glücklicherweise ist Lars gerade nicht im Raum. Am liebsten würde Erik auch das Zimmer verlassen, aber er will nicht unhöflich sein. Also bleibt er und versucht, möglichst freundlich zu wirken.

„Vorsicht", mahnt sein Gedankenfreund Danny, aber das kann natürlich wieder nur Erik hören.

„Gestern hatte ich mit Freddy ein längeres Gespräch. Er hat mir von eurem Streit erzählt", hört er seinen Lehrer sagen. In Erik schrillen die Alarmglocken.

„Ach das", sagt er scheinbar gleichmütig. „Habe ich schon längst vergessen. War nicht so wichtig."

Danny lacht laut in seine Gedanken hinein. Bis tief in den Bauch kann Erik das spüren. Es zwickt heftig.

„Nun, da hat mir Freddy aber etwas anderes erzählt. Wenn es stimmt, dass Jusop dich am ganzen Körper anfasst und von dir verlangt, dass du das auch bei ihm machst, ist das eine Straftat. Alle Erwachsenen kennen dieses Gesetz."

„Vorsicht", warnt Danny erneut. „Vertrau ihm besser nicht, dann kannst du auch nicht enttäuscht werden."

Wieder beginnt sich vor Eriks Augen alles zu drehen.

„Freddy ist ein gemeiner Lügner. Er will mich nur schlechtmachen. Neidisch ist er, weil ich noch einen Vater habe und er nicht", stößt Erik hervor.

Energisch schüttelt Herr Krause den Kopf.

„Nein, Erik, so ist das sicher nicht. Freddy will dich nicht schlechtmachen. Du hast ja auch nichts Falsches gemacht, sondern euer Trainer!"

Erik findet, dass sein Lehrer so klingt, als würde er wirklich meinen und glauben, was er sagt.

„Haben Sie mit meiner Mutter etwa auch schon darüber gesprochen?", will er wissen.

„Nein, ich wollte zuerst mit dir darüber reden, nichts heimlich hinter deinem Rücken machen."

Erleichtert atmet Erik auf.

Eigentlich ist Herr Krause okay,

fühlt er. „Trotzdem, dass er das jetzt alles weiß, will ich nicht."

„Kommt Freddy mich auch besuchen?", erkundigt Erik sich und spürt, dass ihm die Antwort wichtig ist.

„Möchtest du das denn?", fragt der Lehrer.

Erik zuckt mit den Schultern, starrt vor sich hin.

„Weiß nicht. Etwas ja, etwas nein", sagt er.

Ausgerechnet in diesem Moment kommt Doktor Freitag ins Zimmer. Freundlich lächelt er Erik entgegen.

„Ah, du hast Besuch. Da störe ich wohl", sagt er.

„Nein, Sie stören gar nicht", schreit es in Erik. „Mein Lehrer will mit mir über etwas reden, worüber ich nicht sprechen möchte."

Es ist zu peinlich und tut entsetzlich weh.

Während Erik von diesem Gedanken und den Gefühlen gequält wird, machen sich Lehrer und Arzt miteinander bekannt. Ganz mulmig wird Erik zumute. Seine Augen flehen Doktor Freitag an.

„Sie haben es versprochen", sagen sie.

Der Arzt scheint die stumme Bitte zu verstehen. Freundlich schaut er zu seinem sorgenvollen Patienten und nickt ihm beruhigend zu. „Ich komme später nochmals zu dir", erklärt er, und schon ist er verschwunden.

„Das ist aber wirklich ein netter Doktor“, meint der Klassenlehrer und hat es plötzlich sehr eilig, sich zu verabschieden. Erik verwirrt das, aber er ist froh, den drängenden Fragen des Lehrers zu entkommen.

An diesem Abend kommt der Stationsarzt nicht mehr zu ihm. Die Krankenschwester sagt, Doktor Freitag habe zu einem Noteinsatz gemusst und deshalb keine Zeit, wie versprochen noch nach ihm zu schauen.

„Ich brauche auch einen Noteinsatz von ihm, aber bei mir merkt das natürlich niemand“, denkt Erik. Dabei ist er gleichermaßen enttäuscht wie erleichtert.

„Schrei heute Nacht nicht wieder so“, sagt Lars aus dem Nachbarbett kurz vor dem Einschlafen. „Ich will schnell gesund werden. Vielleicht darf ich morgen schon nach Hause, hat der Arzt gesagt.“

„Schön für dich, mir doch egal“, entgegnet Erik und merkt selbst, wie gemein das klingt. Lange versucht er, wach zu bleiben. Er hofft, damit schlechte Träume verhindern zu können.

„Auf keinen Fall werde ich wieder laut schreien und um mich schlagen. Das ist peinlich und verräterisch“, denkt er.

Mit Schrecken spürt er aber, wie sich Müdigkeit schon jetzt immer weiter in ihm ausbreitet. Zuerst fühlen sich seine Beine und Füße ganz schwer an, dann seine Hände und Arme, schließlich der ganze Körper.

Schon bald fällt er in einen tiefen, aber unruhigen Schlaf. Im Traum wird er von wilden Tieren verfolgt, die ihn zu beißen drohen. Erik versucht zu fliehen,

ist aber wie erstarrt. Seine Beine gehorchen ihm nicht. Er möchte sie bewegen. Vorwärts, vorwärts! Schnell, schnell! Aber nichts dergleichen geschieht. Immer näher kommen die Tiere. Gefährlich nah! Mit aller Kraft versucht Erik, die Angreifer wegzutreten, um sich so vielleicht doch noch vor ihnen schützen zu können. Hart stößt sein Fuß gegen die Bettkante. Der Schmerz lässt ihn augenblicklich aufwachen. Sofort schaut Erik besorgt hinüber zum Nachbarbett.

„Glück gehabt", merkt er erleichtert. „Lars schläft tief. Von meinem Fußtritt hat er nichts mitbekommen."

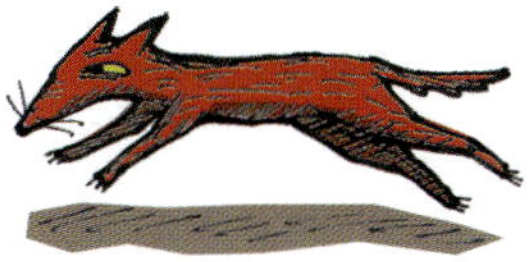

Der Aufsatz

In der Schule sagt der Rektor zu Freddy: „Ich war gestern bei Erik. Er würde sich freuen, wenn du ihn besuchen kämest.“

„Echt? Stimmt das wirklich?“ Freddy ist misstrauisch. „Was haben Sie Erik gesagt? Haben Sie ihm erzählt, worüber wir geredet haben?“

Noch bevor der Lehrer antworten kann, eilt Jonas laut lachend in den Musikraum, in dem Freddy zuvor mit Herrn Krause allein war. Nach ihm drängen die anderen Kinder aus Jonas' Klasse in den Raum. Die Pause ist beendet. Innerlich seufzt Freddy auf. Er wäre ebenfalls gern draußen auf dem Schulhof an den neuen Klettergeräten gewesen. Fußball zu spielen hätte ihm auch gefallen.

„Aber nein, ich musste natürlich Herrn Krause beim Wegräumen der Musikinstrumente helfen! Kann aber auch sein, dass ich nur bei ihm bleiben sollte, damit er mit mir reden kann. Ich bin nicht blöd, merke so was!“

„Es wäre wirklich schön, wenn du zu Erik gingest. Kannst auch diese Arbeitsblätter für ihn mitnehmen.

Natürlich muss Erik sich nicht damit beschäftigen. Nur wenn er Lust dazu hat. Bestell ihm einen schönen Gruß und gute Besserung von mir.“ Damit wendet sich der Rektor von Freddy ab und verlässt den Musikraum.

Auch Freddy will möglichst schnell aus dem Zimmer hinaus. Eigentlich müsste er auf direktem Weg zu seinem Klassenraum gehen, aber er will vorher noch zur Toilette. Im Flur stößt er mit Frau Steiner, der Musiklehrerin von Jonas’ Klasse, zusammen.

„Hallo, hallo! Nun mal langsam!“, ruft sie aus. „Was machst du überhaupt hier? Solltest du nicht längst in deinem Klassenraum sein?“

„Was kann ich denn dafür, wenn ich Herrn Krause noch bei den Instrumenten helfen musste!“, stößt Freddy ärgerlich hervor. Inzwischen ist er sich sicher, dass Herr Krause ihn nur dazu aufgefordert hat, um mit ihm allein im Zimmer reden zu können. „So ein blöder Trick von ihm! Die Musikinstrumente hätte er allein wegräumen können, waren nur zwei.

Erwachsene sind schon manchmal komisch, wollen, dass wir Kinder ehrlich sind, und erzählen uns irgendwelche Lügengeschichten.

Das macht mich wütend. An manchen Tagen möchte ich nur schreien, auf alles einschlagen, etwas kaputt machen, so wütend bin ich manchmal. Mama meint, das wäre, weil Papa tot ist. Irgendwie hat sie recht.

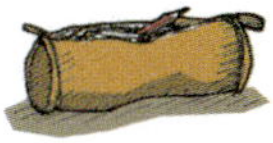

Ich finde es gemein, dass alle Kinder aus meiner Klasse noch einen Vater haben, nur ich nicht. Warum musste er mit seinem Motorrad unter diesen blöden Lkw fahren! Aber da ist noch eine andere Wut. Und von der hat Mama keine Ahnung. Darf sie auch nicht! Erik würde mich wahrscheinlich verstehen. Er hat das selbst mit Jusop erlebt. Aber wenn er wüsste, dass Jusop das auch mit mir macht, würde er es vielleicht anderen erzählen. Dann könnte Mama vor Schreck sterben, wenn sie davon erführe. Ich glaube, so ähnlich hat Jusop das gemeint."

Eilig zwängt Freddy sich an Frau Steiner vorbei, geht kurz zur Toilette und hastet dann zum Klassenraum. Dort wird er schon von Frau Kleine erwartet.

„Na, brauchst du eine Extraeinladung? Geh schnell auf deinen Platz, damit wir mit dem Unterricht beginnen können. Dass wir heute die Deutscharbeit schreiben, habe ich schon in der letzten Stunde angekündigt." Frau Kleines Stimme klingt streng, aber Freddy sieht, dass sie ihm freundlich zuzwinkert.

„Glück gehabt", denkt er. „Frau Kleine ist nicht sauer, nur etwas genervt vielleicht."

Sich auf die Klassenarbeit zu konzentrieren fällt ihm sehr schwer.

Am liebsten würde ich aus dem
Klassenraum rennen, weit weg sein.

„Ausgerechnet einen Aufsatz sollen wir schreiben. Ich mag keine Aufsätze!

Das Gespräch mit Herrn Krause will einfach nicht aus meinem Kopf verschwinden. Dabei muss ich doch jetzt einen Aufsatz schreiben, brauche Ruhe vor den schweren Gedanken. Trotzdem, gerade jetzt wüsste ich zu gern, was Herr Krause mit Erik im Krankenhaus besprochen hat."

Deutlich spürt Freddy, wie sehr er seinen ruhigen Banknachbarn vermisst. Er wünscht sich Erik herbei, wahrscheinlich so stark wie nie zuvor. Gleichzeitig hat er davor Angst, ihn im Krankenhaus zu besuchen, weil er nicht weiß, was der Rektor ihm erzählt hat.

„Vielleicht ist Erik total sauer auf mich", sorgt Freddy sich. „Ich kann mir gar nicht vorstellen, dass er mich wirklich sehen möchte. Aber wenn Herr Krause meint, Erik würde sich über meinen Besuch freuen, dann sollte ich es wagen."

Während Freddy darüber nachgrübelt, lässt er seinen Füller zwischen den Fingern seiner rechten Hand hin und her wippen. Eigentlich ist es erstaunlich, dass noch kein dicker Tintenklecks im Heft entstanden ist.

„Mir doch egal", denkt Freddy, als er es bemerkt, wackelt einige Male nochmals extra heftig mit dem Stift, aber kein Klecks breitet sich aus.

Plötzlich steht Frau Kleine neben ihm.

„Fällt dir nichts ein?", flüstert sie ihm zu. „Das Aufsatzthema ‚Ein schreckliches Erlebnis' ist doch ganz okay. Ihr durftet euch sogar zu Hause schon darauf vorbereiten. Hast du das denn nicht gemacht?"

„Doch, schon", entgegnet Freddy und kneift sich fest mit der linken Hand in sein Bein. Das hat er sich so angewöhnt. Immer wenn er seine ihn quälenden Gefühle kaum noch ertragen kann, kneift er sich.

Einige blaue Flecken hat er auf diese Art schon davongetragen.

„Fang lieber an, damit du rechtzeitig fertig wirst“, hört er Frau Kleine dicht an seinem Ohr sagen.

Ich mag es nicht, dass sie mir so nah kommt,

spürt Freddy, äußert es aber vorsichtshalber nicht. Schnell schreibt er die Überschrift in sein Aufsatzheft: *Ein schreckliches Erlebnis*

Schon bald fließen Buchstaben, Wörter, Sätze aus dem Füller auf das Papier. Es scheint so, als hätten sie nur darauf gewartet, endlich hervorkommen zu dürfen. In kurzer Zeit hat Freddy zwei Seiten gefüllt.

„Es fühlt sich so an, als wären die Sätze ganz von allein auf das Blatt gekommen, gerade so, als wäre nicht ich es gewesen, der sie geschrieben hat, sondern als hätte ein anderer meine Hand geführt“, überlegt Freddy.

So etwas Komisches hat er bislang nie erlebt. Noch bleibt Zeit für ihn, sich das, was da geschrieben steht, genau durchzulesen.

Frau Kleine mahnt gerade: „Schaut euch alles nochmals genau an, bevor ihr es abgebt. So könnt ihr vielleicht einige Rechtschreibfehler erkennen und verbessern.“

Freddy sieht in sein Heft und liest:

Es war einmal ein Junge, der war ganz allein auf der Welt. Er hatte niemanden, der für ihn sorgt, aber das

war ihm egal. Er schaffte das schon selbst. Eines Tages war er auf dem Spielplatz. Der war neben dem Sportplatz. Auf dem Sportplatz war ein Mann mit einem Ball. Er rief den Jungen. Der Junge sollte sich ins Tor stellen und immer den Ball halten. Er schaffte das nicht jedes Mal. Das fand der Mann aber nicht schlimm. Er tröstete den Jungen und sagte, dass das jedem mal passieren kann. Das fand der Junge gut, und dann gab er sich noch mehr Mühe. Beide waren etwas dreckig geworden, weil der Boden so matschig war. Da nahm der Mann den Jungen mit zu sich nach Hause und duschte mit ihm zusammen. Der Junge wollte das nicht so gerne, weil ihm das peinlich war. Da hat der Mann gelacht und gesagt, dass der Junge sich albern anstellt und dass er damit aufhören soll. Der Junge ließ dann lieber alles mit sich machen, weil er von dem Mann nicht mehr ausgelacht werden wollte. Da hat der Mann das Shampoo genommen und hat den Jungen damit am ganzen Körper eingeseift. Angefangen ist er bei den Haaren, dann überall. Als er dem Jungen auch den Penis und die Hoden eingeseift hat, ist oben am Kopf von den Haaren Shampoo in die Augen gelaufen. Da musste der Junge weinen. Er fand das alles ganz blöd und schrecklich peinlich, und er wollte von dem Mann schnell weg. Da hat der Mann gesagt, wenn du jemandem etwas davon erzählst, stecke ich euer Haus an, und dann weißt du gar nicht mehr, wo du wohnen kannst.' Da erzählte der Junge lieber niemandem, was der Mann mit ihm gemacht hatte. Für den Jungen war das sein schrecklichstes Erlebnis.

Als Freddy liest, was da in seinem Heft geschrieben steht, ist er zutiefst erschrocken.

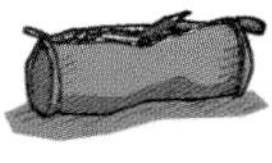

„Auf keinen Fall darf das jemand sehen", denkt er. Eilig will er das Heft zerreißen. In dem Moment steht Frau Kleine neben ihm, um die Hefte einzusammeln.

„Die Zeit ist um", erklärt sie freundlich, aber auch bestimmt. „Du hättest wirklich früher anfangen sollen zu schreiben. Siehst du, jetzt fehlt dir die Zeit!"

„Bitte, Frau Kleine, nur noch einen Satz. Den muss ich unbedingt schreiben. Der gehört auf jeden Fall dazu!" Seine Stimme klingt so flehentlich, dass die Lehrerin sich erweichen lässt.

„Na gut, aber wirklich nur noch einen Satz. Ich bleibe hier stehen und achte darauf."

Dankbar legt Freddy das Heft wieder vor sich.

Dies ist eine erfundene Geschichte, schreibt er unter seinen Aufsatz, schlägt das Heft zu und reicht es Frau Kleine.

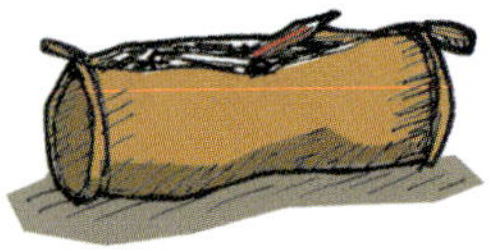

Beginn einer Freundschaft

Am Nachmittag fährt Freddy zu Erik ins Krankenhaus. Er weiß genau, welchen Bus er nehmen muss. Seine Mutter arbeitet in der Klinik für Erwachsene. Sie ist genau neben dem Kinderkrankenhaus. An manchen Tagen holt Freddy seine Mama von der Arbeit ab, wenn es ihm zu Hause zu langweilig ist oder er sich sehr einsam fühlt. Oft bekommt er dann von einer Krankenschwester oder Ärztin eine Süßigkeit zugesteckt. Er sei ja so ein tapferer Junge, sagen sie immer. Einige streichen ihm dabei über die Haare oder den Rücken. Das mag er nicht, behält es aber lieber für sich. Seine Mutter will, dass er freundlich zu ihren Arbeitskolleginnen ist. Freddy befürchtet, sie nicht mehr abholen zu dürfen, wenn er das nicht befolgt.

„Sooo schlimm ist es ja auch nicht, wenn mir mal jemand durch die Haare wuschelt oder mit der Hand über den Rücken streichelt“, versucht er sich jedes

Mal zu trösten, nimmt lächelnd die Süßigkeit entgegen und bedankt sich höflich dafür. Er weiß, dass seine Mutter dann stolz auf ihn ist.

Jetzt, auf dem Weg zu Erik, überlegt er, vielleicht später seine Mutter von der Arbeit abzuholen. Er hat ihr vorsichtshalber zu Hause einen Zettel hingelegt. „Mach dir keine Sorgen, ich besuche nur Erik im Krankenhaus, bin zum Abendessen pünktlich zurück“ steht darauf geschrieben.

„Schade, dass ich keine Ahnung habe, wann genau Mama Arbeitsschluss hat. Wenn sie früher zu Hause ist als ich, weiß sie, wo ich bin. Das beruhigt sie, und ich bekomme keinen Ärger.“

Schon bald hat Freddy das Kinderkrankenhaus erreicht. Es ist ein ziemlich großes Gebäude mit vielen Fluren.

„Gut, dass die Schulsekretärin mir genau beschrieben hat, wohin ich gehen muss“, denkt Freddy und steigt die Stufen zur zweiten Etage hinauf. Die Wände auf der Station sind mit bunten Bildern bemalt. Alles wirkt hell und freundlich.

„War es nun Zimmer 215 oder 251? Was genau hat die Frau gesagt? Mist, jetzt weiß ich es doch nicht mehr!“

Eine Krankenschwester sieht seinen suchenden Blick, geht auf ihn zu und bietet ihre Hilfe an. Erleichtert fragt Freddy nach, in welchem Zimmer Erik liegt.

„Das ist ja schön, dass du ihn besuchst. Sicher bist du ein Freund oder Klassenkamerad von ihm“, vermutet die Krankenschwester und zeigt auf eine der vielen Zimmertüren. Kaum hat Freddy sich bei ihr bedankt, ist sie auch schon hinter einer der Türen verschwunden.

Unschlüssig bleibt Freddy vor Eriks Krankenzimmer stehen. Seine Hand ruht schon auf der Türklinke, aber irgendetwas lässt ihn zögern, sie herunterzudrücken.

„Was, wenn Erik mich nicht sehen will? Wenn er noch sauer auf mich ist? Vielleicht hat Herr Krause ihm erzählt, dass ich ihn und Jusop beobachtet und genau gesehen habe, was die da gemacht haben.

Ich glaube, dafür würde Erik mich hassen!

Aber Herr Krause hat doch gesagt, dass Erik Besuch von mir möchte. Also hat er ihm bestimmt nichts erzählt von dem, was ich ihm gesagt habe. Ich gehe jetzt einfach in das Zimmer. Wird schon gut gehen. Vielleicht freut Erik sich über mich. Kann doch sein!“

Ganz fest hält Freddy die Türklinke, die sich in seiner Hand hart und kalt anfühlt.

„Na, traust du dich noch nicht hinein?“, fragt die hilfsbereite Krankenschwester, die plötzlich wieder hinter Freddy steht. Erschrocken dreht er sich zu ihr um. Er hat sie nicht kommen sehen, war so sehr mit seinen Gefühlen und Gedanken beschäftigt.

„Kannst ruhig ins Zimmer gehen. Bestimmt wird Erik sich über deinen Besuch freuen. Er ist dein Freund, oder?“, hört Freddy die Krankenschwester fragen.

Ohne zu antworten, atmet er ganz tief durch. Und noch einmal. Und noch einmal.

Manchmal muss man erst genügend Mut tanken.

„Das sagt meine Mama oft. Sie meint, dass man sich vorstellen soll, den Mut tief einzuatmen, am besten mehrmals nacheinander. Mama behauptet immer, dass das bei ihr meistens wirklich hilft.“ Freddy ist erleichtert, dass ihm das gerade jetzt einfällt.

Noch einmal holt er sich über das tiefe Einatmen Mut. Tatsächlich fühlt es sich in ihm jetzt besser an.

Entschlossen drückt er die Türklinke herunter und betritt das Krankenzimmer. Sofort erkennt er, dass von den drei Betten im Raum eines nicht belegt ist. Neben dem Bett am Fenster steht ein Junge im blau-roten Jogginganzug und schaut ihm entgegen. Im dritten Bett sitzt Erik aufrecht. Er starrt Freddy erschrocken und wütend an.

„Was willst du hier? Warum kommst du mich besuchen? Ich will dich nicht sehen! Es ist gemein, was du Herrn Krause erzählt hast. So gemein!“ Heftig stößt er die Sätze aus. Erschrocken schaut der am Fenster stehende Junge zu ihnen herüber.

„Dann hat Herr Krause gelogen“, sagt Freddy kläglich. „Er hat behauptet, dass du dir Besuch von mir wünschst. Und hier, diese Arbeitsblätter soll ich dir geben. Aber du musst nichts davon machen, hat Herr Krause gesagt, nur wenn du es möchtest.“

Möglichst vorsichtig zieht Freddy die Blätter aus seiner Jackentasche. Sie sehen ziemlich verknittert aus. Entschuldigend zuckt er mit den Schultern und legt sie auf das Bett. Erik scheint weder seinen Besucher noch die Arbeitsblätter beachten zu wollen. Unruhig zieht er die Bettdecke hin und her. Plötzlich nimmt er sein Handy vom Nachttisch und hämmert hastig darauf ein. Ganz fest hält er es in seiner Hand, gerade so, als würde er sich an ihm festhalten.

Unsicher bleibt Freddy neben Eriks Bett stehen.

„Mama ist gerade auf den Parkplatz gefahren. Ich gehe ihr entgegen", ruft der Junge im Jogginganzug. Eilig geht er aus dem Raum.

Erik tippt unentwegt weiter auf das Handy. Es ist das einzige Geräusch im Zimmer. Die Herzen der Jungen schlagen vor Aufregung heftig, aber das soll niemand bemerken.

Nach einer ganzen Weile, die Freddy entsetzlich lang vorkommt, schaut Erik zu ihm auf.

„Hat Herr Krause wirklich gesagt, dass ich mich über einen Besuch von dir freuen würde?", will er wissen.

Freddy nickt stumm.

„So ein Lügner", stößt Erik hervor. „Warum erfindet Herr Krause so etwas? Gelogen ist das. Erwachsene sind Lügner. Der Schlimmste ist Jusop. Warum hast du das mit ihm und mir Herrn Krause erzählt? Das ist so gemein von dir! Ich hätte dich umgekehrt ganz sicher niemals verraten. Und überhaupt, wann willst du Jusop und mich eigentlich gesehen haben? Vielleicht ist das auch nur eine gemeine Behauptung." Eriks Stimme klingt empört, unendlich traurig und verzweifelt.

Freddy fühlt sich schrecklich hilflos, starrt seinen Klassenkameraden nur an. Er weiß nicht, was er sagen soll. Eigentlich hat er damals nicht richtig gesehen, was Jusop mit Erik gemacht hat. Aber die Geräusche hat er genau gehört und was Jusop gesagt hat. Die gleichen Sätze wie oft zu ihm selbst. Da wusste Freddy, was Erik in dem Moment aushalten musste. Er fühlte sich schuldig, seinem Klassenkameraden nicht sofort zu Hilfe zu kommen, traute sich aber nicht. Am liebsten hätte er Jusop angeschrien, dass er aufhören soll so etwas mit einem Kind zu machen. Dass es sich schrecklich anfühlt! So eklig! Und dass man sich so entsetzlich schämt, weil man alles zulässt, obwohl man es gar nicht möchte.

„Ich bin so feige.

Ich möchte Erik zeigen, dass ich ihn mag, sogar gern als Freund hätte.

Erik soll wissen, dass ich Herrn Krause alles nur erzählt habe, damit er dafür sorgt, dass Jusop so etwas nie mehr mit einem Kind macht."

Ganz laut seufzt Freddy auf. Alles möchte er seinem Klassenkameraden erklären, aber es geht einfach nicht. Angst hält all seine Sätze zurück.

„Das mit deinem Vater, was ich da auf dem Schulhof gesagt habe, habe ich nicht so gemeint. Es ist gut, dass er lebt. Ich finde ihn sogar richtig nett", hört Freddy sich selbst sprechen und merkt, wie seltsam fremd seine Stimme klingt.

Erik hat den Eindruck, dass sein Besucher eigentlich weinen muss, die Tränen aber krampfhaft zurückhält.

„Das mache ich selbst auch so.

Ich will nicht, dass mich jemand weinen sieht.

‚Indianer kennen keinen Schmerz', sagt Jusop oft beim Training, aber Mama und Papa meinen, dass das Quatsch ist. Ich glaube, sie haben recht, weil doch alle Menschen Schmerzen haben können", denkt Erik.

„Aber du kennst meinen Vater doch gar nicht", sagt er und schaut Freddy misstrauisch an.

„Doch, ich habe ihn ein paarmal getroffen, als er dich ins Vater-Sohn-Wochenende abholen wollte. So hat er das genannt. Da war ich richtig neidisch. Außerdem hat er mir erzählt, wie sehr er dich mag und vermisst. Trotzdem findet er es richtig, dass du bei deiner Mutter wohnst, weil die besser für dich sorgen kann."

Erik starrt seinen Klassenkameraden argwöhnisch an. Das soll sein Vater zu Freddy gesagt haben? Erik kann es nicht wirklich glauben.

„Das hat er dir erzählt? Komisch, so ist mein Vater eigentlich nicht!" Voller Misstrauen schaut Erik zu Freddy hinüber, der sich inzwischen vorsichtig auf einen neben dem Bett stehenden Stuhl gesetzt hat.

„Vielleicht weil ich ihm anvertraut habe, dass

mein Vater bei dem schlimmen Unfall gestorben ist. Das sage ich eigentlich auch keinem Fremden“, erklärt Freddy leise.

„Wie habt ihr euch denn kennengelernt, mein Papa und du?“, will Erik wissen.

„Ach, das war ein blöder Zufall“, sagt Freddy. Es scheint ihm unangenehm zu sein, darüber zu sprechen. Erik zuliebe überwindet er sich aber trotzdem dazu.

„Ich bin deinem Vater vors Auto gelaufen, also fast jedenfalls. Wir hatten Schulschluss, und ich wollte so schnell zur Bushaltestelle, damit ich im Bus einen guten Platz bekomme und nicht wieder stehen muss. Da bin ich einfach losgerannt, schnell aus der Schule, über den Schulhof, auf die Straße. Dann habe ich auch schon das Reifenquietschen gehört. Gut, dass dein Vater noch bremsen konnte. Ich glaube, sonst gäbe es mich jetzt nicht mehr.“ Freddy stöhnt auf. Er scheint sich wieder genau an die Situation zu erinnern und den Schreck daran noch in sich zu tragen.

„Dann hat mein Vater dir das Leben gerettet“, meint Erik. Stolz klingt aus seiner Stimme.

„Und sauer war er damals. Oh Mann, war der sauer! Angeschrien hat er mich. Ob ich nicht aufpassen kann, wollte er wissen. Aber ich habe sofort gemerkt, dass er eigentlich nur erschrocken war. Deshalb hat er so gebrüllt. Hätte ich am liebsten auch gemacht bei dem Schock. Aber ich konnte doch deinen Vater nicht anschreien, schließlich hatte er mir quasi das Leben gerettet. Da habe ich nur ‚Entschuldigung‘ gestottert und wollte schnell weg. Aber das hat er nicht zugelassen. Ich musste mit ihm in die Schule zum Rektor

gehen. Dein Vater hat gesagt, mit dem Schreck in mir lässt er mich nicht allein, da will er, dass sich jemand um mich kümmert. Ich fand das blöd, aber eigentlich hat es dein Vater ja nur gut gemeint. Ein richtiges Drama war das damals, schrecklich peinlich. Immer wenn dein Vater mich dann wiedergesehen hat, wollte er wissen, wie es mir geht, ob ich dich kenne, ob wir Freunde sind und so Sachen. Irgendwann habe ich dann von dem Unfall erzählt, den mein Vater hatte. Dein Vater ist okay, er hört echt gut zu."

Erik ist überrascht.

„Davon hat mir Papa nie etwas erzählt", sagt er.

„Tja, er ist eben in Ordnung. Auf ihn kann man sich verlassen. Er tratscht nicht alles rum", erwidert Freddy.

Freddy meint das wirklich ernst,
das spüre ich.

Plötzlich platzt eine Idee aus Erik heraus: „Wie wäre es, wenn du zu meinem nächsten Wochenende bei Papa mitkämest? Bestimmt würde er sich freuen. Ich kann ihn ja mal fragen."

„Weiß dein Vater auch das mit Jusop?" Zögerlich, aber irgendwie auch entschlossen klingt Freddys Stimme.

Sofort verändert sich Eriks Gesichtsausdruck. Statt Freundlichkeit ist jetzt Angst und Wut darin.

„Wenn du ihm etwas davon sagst, passiert dir etwas richtig Schlimmes." Erik hört selbst, dass seine

Stimme erschreckend kalt und scharf klingt. Im Bauch spürt er einen stechenden Schmerz.

Die Drohung lässt Freddy zusammenzucken. So etwas hat er von Erik nicht erwartet.

„Jetzt redest du genauso gemeine Sachen wie Jusop“, sagt Freddy.

Beide Jungen verstummen, schauen sich nur an. Freddys Augen sind voller Schreck. Er weiß, dass er sich verraten hat. Und tatsächlich begreift Erik genau in diesem Moment, dass Jusop auch zu Freddy solche Sätze gesagt hat, um ihn zum Schweigen zu bringen.

„Also hat Jusop mit dir auch diese ekelhaften Sachen gemacht wie mit mir, oder?“ Erik kann diese Frage nicht mehr zurückhalten. Er will es jetzt wissen. „Hast du deshalb unserem Rektor davon erzählt? Aber warum hast du so getan, als wäre nur mir so etwas passiert? Das war gemein! Wolltest du, dass mich alle eklig finden und dich ganz okay?“

„Niemand findet einen von euch beiden eklig“, meldet sich eine Stimme von der Tür aus. Es ist Doktor Freitag, der, ohne von den Jungen bemerkt worden zu sein, ins Zimmer gekommen ist. Erschrocken schauen sie zu ihm hin.

Was hat der Arzt alles mitbekommen?

Das wüssten sie zu gerne. Der Arzt scheint das zu ahnen.

„Ich habe genug gehört, um zu wissen, dass ihr beide dringend Hilfe von Erwachsenen braucht. Was dieser Trainer euch antut, ist ekelhaft und kriminell. Er hat euer Vertrauen in ihn ausgenutzt und euch mit gemeinen Tricks eingeschüchtert, damit ihr niemandem etwas davon erzählt. Wie es euch dabei geht, ist ihm offensichtlich ganz egal. Gut, dass ich alles gehört habe. Mit so einer Not sollte kein Kind allein sein. Euer Lehrer hatte auch schon so eine Ahnung und will euch helfen, genau wie ich." Ernst und mitfühlend schaut der Arzt die beiden Jungen an.

„Aber wie wollen Sie uns helfen?", fragt Erik. Seine Stimme ist voller Angst. „Erzählen Sie alles meinen Eltern? Das dürfen Sie nicht. Sonst streite ich alles ab, sage, dass ich es mir nur ausgedacht habe, um mich wichtig zu machen", stößt er aufgeregt hervor.

Freddy ist erleichtert, dass der Arzt seinen Namen, seine Mutter, seine Telefonnummer nicht kennt.

„Auf keinen Fall verrate ich ihm das.

Besser ist, ich verabschiede mich
jetzt schnell,

denkt Freddy.

„Keine Sorge", versucht Doktor Freitag die Jungen zu beruhigen. „Ich werde nichts heimlich machen. Zuerst gehe ich mit eurem Lehrer zu einer Beratungsstelle, in der Menschen arbeiten, die schon oft Mädchen und Jungen in so einer Notsituation geholfen haben. Dort müssen wir eure Namen nicht nennen. Wir werden nur um einen Rat bitten, wie wir euch helfen können. Auch eure Eltern könnten vielleicht

helfen. Wollt ihr euch ihnen nicht doch anvertrauen? Denkt darüber nach."

„Ich habe keinen Vater mehr, nur noch eine Mutter. Die will ich nicht auch noch verlieren. Mein Papa ist bei einem Unfall gestorben, als er mich gerade beim Fußballverein angemeldet hatte", stößt Freddy hervor.

Auch Erik sorgt sich um seine Mutter.

„Wenn Mama erfährt, was Jusop mit mir gemacht hat, wird sie bestimmt krank vor Schreck. Sicher ist sie auch sauer auf mich, weil ich ihr das nicht früher erzählt habe. Wichtiges muss ich ihr unbedingt sofort sagen, das hat sie mir ständig beigebracht."

„Und manchmal muss man erst genügend Mut ansammeln, um über Belastendes reden zu können", weiß der Arzt. „Jetzt ist es an uns Erwachsenen, euch zu helfen. Ich glaube, ihr zwei seid richtig gute Freunde oder auf dem besten Weg, welche zu werden."

Erik und Freddy schauen sich verlegen an.

„Eigentlich bin ich ins Zimmer gekommen, um dich, Erik, von deinem Vater zu grüßen. Er will dich heute noch besuchen. Vielleicht ist es ja dann möglich ..."

Bevor der Arzt den Satz beenden kann, schaut eine Krankenschwester ins Zimmer.

„Herr Doktor, könnten Sie bitte schnell kommen? Ihre Hilfe wird dringend benötigt!", sagt sie aufgeregt.

Entschuldigend murmelt Doktor Freitag: „Wir sprechen ein anderes Mal weiter", und eilt aus dem Raum.

„Sind wir jetzt Freunde?“, fragt Freddy vorsichtig.

„Ich glaube schon“, entgegnet Erik.

„Dann lass uns alles zusammen durchstehen. Das ist besser als allein“, meint Freddy. Seine Stimme klingt nun schon viel zuversichtlicher.

„Ja“, sagt Erik, „zusammen schaffen wir das.“

„Vielleicht wäre es doch gut, deinem Vater alles zu erzählen. Ich kann mir vorstellen, dass er uns glaubt und auch versteht“, schlägt Freddy erneut mutig vor.

Noch bevor Erik antworten kann, betritt sein Vater das Krankenzimmer.

„Sei vorsichtig“, warnt Danny in Eriks Gedanken.

Erik ist unsicher, wem er vertrauen kann.

„Für Freddy ist es nicht gefährlich, meinem Papa alles zu erzählen. Gar nichts steht für ihn dabei auf dem Spiel. Seinen Vater gibt es sowieso schon nicht mehr. Bei mir ist das anders. Ich könnte meinen Papa ganz verlieren. Dann dürfte ich selbst an den Wochenenden nicht mehr zu ihm. Einen Sohn, der so Ekelhaftes mit sich machen lässt, will er bestimmt nicht mehr haben. Papa könnte mir das nie verzeihen“, befürchtet Erik.

Sein Vater setzt sich zu ihm auf die Bettkante und umarmt ihn ganz fest.

Freddy schaut den beiden stumm zu. Tränen drängen sich in seine Augen. Er will stark sein, auf keinen Fall weinen. Ausgerechnet in diesem Augenblick muss er an seine Mutter denken, die immer behauptet, es sei stark, zu den eigenen Gefühlen stehen zu können und auch zu den Tränen. Gerade jetzt fühlt sich das für Freddy sehr unbehaglich an. So gern hätte er auch seinen Papa bei sich, würde gerne von ihm ganz fest in seinen Armen gehalten werden, gerade so, wie Eriks Vater das mit seinem Sohn macht.

„Ich geh dann mal jetzt“, stößt Freddy hervor. „Meine Mama wartet bestimmt schon auf mich.“ Er ahnt, dass das nicht stimmt. Sicher ist seine Mutter noch im Krankenhaus nebenan bei der Arbeit. Aber er hält es neben Erik, der im Arm seines Vaters so glücklich wirkt, nicht länger aus.

„Ich gönne es Erik wirklich, so einen netten Papa zu haben. Wir sind doch jetzt Freunde! Trotzdem, ich muss hier weg. Sonst weine ich doch noch.“

Erik und sein Vater schauen Freddy an.

„Schön, dich zu sehen“, sagt der Vater. „Von mir aus kannst du gern bleiben.“

„Nein, das geht nicht“, entgegnet Freddy hastig. „Meine Mutter wird sauer, wenn ich zu spät komme.“

Ohne sich zu verabschieden, eilt er aus dem Zimmer, schnell über die langen Flure, die vielen Treppen hinunter. Erst draußen vor dem Krankenhaus bleibt er stehen. Kurz zögert er dort, bevor er auf das Gebäude zugeht, in dem seine Mutter als Ärztin arbeitet.

Hoffentlich hat Mama jetzt Zeit für mich.

„Ich würde so gern mit ihr kuscheln. Sie soll ganz nah bei mir sein, so wie Eriks Vater neben Erik.“

Gerade jetzt spürt Freddy die Sehnsucht nach seiner Mutter wieder besonders stark.

Auf der Station begrüßt ihn eine Krankenschwester,

die ihn gut kennt. Sie sagt ihm, seine Mutter habe noch im Operationssaal zu tun, es dauere sicher noch eine Weile, bis sie dort fertig sei.

„Nicht schlimm, habe ich mir sowieso schon gedacht“, sagt Freddy und schluckt seine Enttäuschung hinunter. Es fühlt sich an, als würde ein dicker Kloß in seinem Hals stecken, der ihm das Atmen schwer macht. Allein und unendlich traurig fühlt er sich. Niemand soll das merken. Stark will er sein, auf keinen Fall weinen. Das wäre zu peinlich. Angestrengt lächelt er.

„Ich fahr dann schon mal mit dem Bus nach Hause. Sie können das ja Mama sagen, wenn sie endlich freihat.“ Eilig dreht Freddy sich von der Krankenschwester weg und hastet nun auch aus diesem Krankenhaus hinaus. Für ihn fühlt es sich wie eine weitere Flucht an.

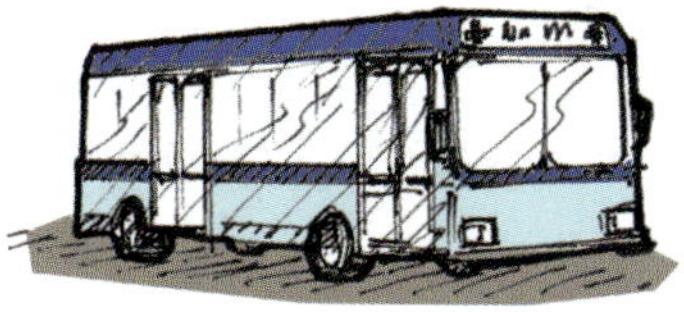

Die Befreiung

Eriks Vater sitzt auf der Bettkante seines Sohnes und hält dessen Hand in seiner.

„Der Freddy ist wirklich ein netter Junge“, sagt er.

„Finde ich auch“, bestätigt Erik sofort. „Darf er an meinem nächsten Besuchswochenende bei dir mitkommen?“ Erwartungsvoll schaut Erik seinen Vater an. Er kann kaum abwarten, was dieser sagen wird.

„Darüber können wir später reden. Ich muss mit dir etwas Wichtiges besprechen“, entgegnet der Vater.

„Papa hat mir gar nicht richtig zugehört“, findet Erik. „Das, was ich gefragt habe, war auch wichtig. Mir sogar sehr wichtig.“

„Anscheinend geht es dir bei deiner Mutter nicht so gut, wie ich dachte. Deshalb ziehst du besser zu mir. Ich werde das mit meiner Arbeit irgendwie regeln.“ Die Worte treffen Erik schmerzhaft wie dicke Hagelkörner. Erschrocken starrt er seinen Papa an.

„Du begreifst gar nichts“, denkt Erik. „Es liegt

doch nicht an Mama, dass es mir schlecht geht. Allein Jusop hat daran schuld. Warum merkt das denn keiner? Erwachsene können so dumm sein!“

Die Gedanken hämmern in Eriks Kopf. Dass er auf keinen Fall von seiner Mutter weg möchte, spürt er so deutlich wie nie zuvor. Erik weiß, genau das muss er seinem Vater sagen, damit der nichts Falsches regelt.

„Es liegt nicht an Mama“, stößt er hervor. „Alles ist nur wegen Jusop.“

„Wegen deines Trainers? Was hat der denn damit zu tun?“, will der Vater wissen.

Und dann platzt alles aus Erik heraus. Alles, was er so lange tief in sich geheim gehalten hat. Er erzählt von den ekligen Berührungen, den gemeinen Drohungen, davon, mit niemandem darüber sprechen zu dürfen, weil sonst etwas ganz Schlimmes geschehen würde. Erik sagt auch, wie viel Angst ihm das alles macht, wie peinlich es für ihn ist, wie schuldig und schmutzig er sich fühlt, so sehr, dass er niemanden anschauen möchte, weil er denkt, man könne ihm den Ekel ansehen. Erst als er sich von allem befreit hat, schweigt er.

Entsetzt starrt der Vater ihn an.

Bestimmt mag Papa mich jetzt nicht mehr.

Schon bereut Erik, alles ausgesprochen zu haben.

„Das wusste ich nicht.“ Die Worte des Vaters klingen wie ein Aufstöhnen, gerade so, als würde er gequält.

„Wie konnte ich dich damit nur so lange alleinlassen! Ich habe geahnt, dass mit diesem Trainer etwas nicht stimmt, aber deine Mutter war immer so begeistert von ihm. Ich hätte dich fragen müssen, ob alles in Ordnung ist. Es tut mir so leid, dass du so etwas ertragen musstest. Ich bin wirklich froh, dass du mir jetzt alles erzählt hast. Danke für dein Vertrauen! Nun weiß ich, in welcher Not du bist, und kann dir helfen. Mama und ich wollen, dass es dir gut geht. Ich spreche mit ihr. Gemeinsam finden wir eine Lösung. Zu Jusop musst du nie wieder. Sein Amt als Trainer wird er verlieren, damit er es nicht länger ausnutzen kann, um Kinder zu missbrauchen."

Jetzt fließt der Tränensee, den Erik eine so lange Zeit zurückgehalten hat, doch aus seinen Augen. Ganz fest umarmt er seinen Vater, spürt, dass nun alles wieder gut werden kann.

Tief in ihm schlägt sein Gedankenfreund Danny wilde Purzelbäume. Erik findet, dass er erleichtert wirkt.

„Mit Freddy hat Jusop das gleiche Eklige gemacht. Der braucht auch Hilfe. Er war damit einverstanden, dir alles zu erzählen, hat es selbst vorgeschlagen", stößt Erik hervor.

„Ich werde mich darum kümmern", verspricht der Vater und lässt sich von seinem Sohn Freddys Adresse geben.

„Am besten, du fährst sofort zu ihm. Kann sein, dass er noch allein zu Hause ist", schlägt Erik vor. „Ich komme jetzt allein klar, bin ziemlich geschafft. Vielleicht kann ich etwas schlafen. Fahr bitte jetzt zu Freddy. Das wäre wirklich gut", drängt Erik.

„Also gut, ich mache mich auf den Weg zu ihm, muss natürlich auch mit seiner Mama reden. Danach kläre ich mit deiner Mutter, wann ich zu ihr kommen kann. Schließlich ist es wichtig, dass wir besprechen, wie alles für dich wieder gut werden kann."

„Aber was ist, wenn Mama mich dann nicht mehr mag? Wenn sie mich eklig findet, nichts mehr mit mir zu tun haben will?", stößt Erik hervor.

„Das wird nicht passieren. Du weißt genau, wie lieb deine Mutter dich hat!", entgegnet der Vater.

Es tut so gut, was Papa gerade gesagt hat,

spürt Erik. Wie in eine wohlig warme Decke hüllen ihn die Worte ein. Lächelnd winkt er seinem Vater hinterher.

„Mein Papa ist echt in Ordnung! Er mag mich wirklich", ist Erik sich nun ganz sicher, kuschelt sich unter seiner Bettdecke zusammen und stellt sich vor, wie Mama und Papa Jusop auf den Mond schießen. Ganz weit weg, ohne Rückfahrkarte. Erik lächelt. Diese Vorstellung gefällt ihm sehr. Danny lacht in seine Gedanken hinein. Auch das fühlt sich gut an.

Geschafft!

Am nächsten Morgen kann Erik vor Aufregung kaum etwas von seinem Frühstück essen, obwohl es frische Brötchen und besonders leckeres Müsli gibt.

Schon während der Nacht tobte diese Unruhe in ihm. Hin und her hat er sich in seinem Bett gedreht, hat daran gedacht, dass sein Vater jetzt alles weiß und sicher schon mit der Mutter darüber gesprochen hat.

„Komisch, dass Papa geahnt hat, dass mit Jusop irgendetwas nicht in Ordnung ist“, denkt Erik, schaut auf das Frühstück vor sich und dann hinüber zu Lars.

Mit Appetit genießt dieser seine Brötchen, erzählt, dass er entlassen wird und deshalb gleich seine Mutter kommt, um ihn abzuholen. Erik interessiert das alles nicht. Ihn quält die Sorge, seine Mutter könnte ihn ekelhaft, schrecklich, vielleicht auch gemein finden, sobald sie weiß, welches Geheimnis er vor ihr hatte.

Mit einem kräftigen Stoß schiebt er das Frühstück von sich. Etwas Kakao schwappt über den Tassenrand und schwimmt wie ein vorwurfsvoller kleiner See

auf dem Tablett. Erik interessiert auch das nicht. Er möchte verschwinden, nichts sehen, hören, denken und erst recht nichts spüren. Ganz tief gräbt er sich unter die Bettdecke und krümmt seinen Körper dort zusammen. Er merkt, wie gut es tut, jetzt seinen Gedankenfreund Danny wieder bei sich zu spüren.

Plötzlich ist ein kraftvolles Anklopfen zu hören. Im nächsten Moment wird die Zimmertür geöffnet. Zusammen mit Herrn Doktor Freitag betreten Eriks Eltern den Raum. Lars sieht in die aufgeregten Gesichter der Erwachsenen, schlüpft eilig in seine Hausschuhe und verlässt das Krankenzimmer.

Am liebsten würde ich jetzt auch
weit weg sein, mich einfach
in Luft auflösen,

spürt Erik, „nicht mehr im Raum sein, unerreichbar für Mama und Papa."

„Nun, ich denke, dir geht es jetzt viel besser, nachdem du dich gestern von dem quälenden Geheimnis befreit hast", sagt der Arzt und lächelt seinem Patienten aufmunternd zu. Eriks Mutter drängt sich an ihm vorbei, geht eilig zu ihrem Sohn und umarmt ihn ganz fest, gerade so, als wollte sie ihn nie mehr loslassen.

„Mein armer Junge", stößt sie dabei hervor. „Wenn ich geahnt hätte, dass Jusop unser Vertrauen so ausnutzt, hätte ich dich niemals zu ihm gelassen. Fast wärest du mit ihm sogar noch ein ganzes Wochenende allein beim Zelten gewesen. Wie konnte ich mich nur so von diesem Trainer täuschen lassen! Immer wieder habe ich versucht, dir einzureden, wie gut er ist und wie dankbar du ihm sein musst. Das tut mir so leid!"

„Aber Mama, du hast überhaupt keine Schuld. Wie solltest du denn wissen, was Jusop mit mir macht? Ich habe es vor dir verheimlicht. Es ist alles meine Schuld", schluchzt Erik unter Tränen.

„Es ist weder deine Schuld noch die deiner Mutter", hört Erik seinen Vater sagen. „Die Verantwortung für das, was dir angetan wurde, liegt allein bei dem, der es getan hat, nämlich bei Jusop. Er wusste genau, dass er etwas Verbotenes und absolut Abscheulich-Gemeines tat. Deshalb wollte er auch, dass es geheim bleibt, und hat versucht, dich mit diesem gemeinen Trick zum Schweigen zu bringen. Ich bin total wütend auf ihn, möchte, dass er bestraft wird für das, was er dir angetan hat. Traurig macht es mich, wenn ich daran denke, wie lange du damit allein warst."

Erik fühlt, wie ihm seine Mutter unablässig über den Kopf streichelt, während sie ihn weiterhin im Arm hält.

Mama und Papa haben mich
wirklich lieb.

„Wie gut, dass sie jetzt beide hier bei mir sind", spürt Erik und schmiegt sich ganz eng an seine Mutter, während er gleichzeitig seinen Vater anlächelt. Nach und nach versiegen seine Tränen. Er hört, wie sich sein Vater räuspert, kurz bevor er erneut zu sprechen beginnt. Erik findet, dass er so klingt, als müsste er auch weinen. Mit rauer Stimme berichtet der Vater von seinem Gespräch mit Freddy und dessen Mutter. Der Junge sei erleichtert, dass seine Mama ihn so sehr liebe. Sie verstehe seine Not und sei schrecklich böse auf Jusop, dem auch sie vertraut habe. Man solle wirklich überlegen, ihn anzuzeigen, das habe sie vorgeschlagen.

Zunächst erschrickt Erik darüber. Er hat Angst, der Polizei alles erzählen zu sollen. Doch nach einiger Überlegung gefällt ihm die Idee schon besser. Er stellt sich vor, wie Jusop bestraft wird für das, was er ihm und Freddy und vielleicht noch anderen Kindern angetan hat. Sobald er aus dem Krankenhaus entlassen ist, will er mit Freddy darüber sprechen.

„Es fühlt sich gut an, ihn jetzt als Freund zu haben. Zusammen mit ihm, Mama und Papa kann endlich alles wieder gut werden“, davon ist Erik fest überzeugt.

Passwort für die Online-Informationen auf http://www.reinhardt-verlag.de: S_CHl?us!s

Meine Notizen

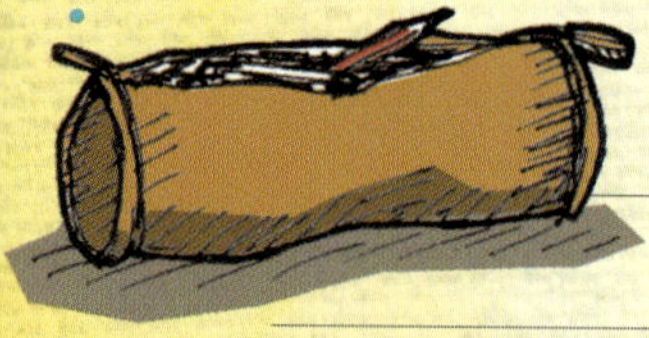

So fühle ich mich heute:

Meine Zeichnungen

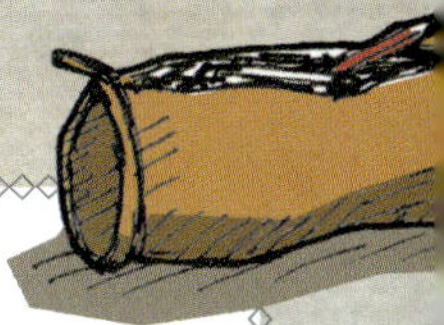

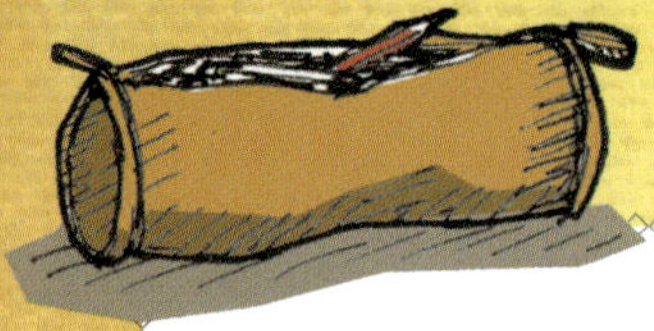